LA PROMESA
DEL
SALMO
112

T0188479

LA PROMESA
DEL
SALMO
112

JOHN ECKHARDT

CASA
CREACIÓN

La promesa del Salmo 112 por John Eckhardt
Publicado por Casa Creación
Una compañía de Charisma Media
600 Rinehart Road
Lake Mary, Florida 32746
www.casacreacion.com

Publishers, Inc., 351 Executive Dr., Carol Stream, IL 60188, Estados Unidos de América. Todos los derechos reservados.

Las citas bíblicas marcadas con (JBS) han sido tomadas de *Jubilee Bible* 2000 (Spanish) Copyright © 2000, 2001, 2012 por LIFE SENTENCE Publishing.

Las citas de la Escritura marcadas (DHH) corresponden a la Santa Biblia, *Dios habla hoy*®, Tercera edición © Sociedades Bíblicas Unidas, 1966, 1970, 1979, 1983, 1996. Usada con permiso.

Las citas de la Escritura marcadas (LBLA) corresponden a La Biblia de las Américas © Copyright 1986, 1995, 1997 por The Lockman Foundation. Usada con permiso.

Las citas bíblicas marcadas (PDT) han sido tomadas de *Palabra de Dios para todos*, Copyright © 2005, 2008, 2012, Centro Mundial de Traducción de La Biblia, Copyright © 2005, 2008, 2012 World Bible Translation Center.

Las citas de la Escritura marcadas (RVA-2015) corresponden a la versión Reina Valera Actualizada, Copyright © 2015 por la Editorial Mundo Hispano. Usada con permiso.

Las citas de la Escritura marcadas (RVA) corresponden a la Santa Biblia Reina Valera Antigua. Dominio público.

Traducido por: Yvette Fernández-Cortez/www.truemessage.co
Edición de la traducción: Nancy Carrera
Diseño de la portada: Justin Evans
Director de Diseño: Justin Evans

Originally published in English under the title:
The Psalm 112 Promise
Published by Charisma House
Charisma Media/Charisma House Book Group
Lake Mary, FL 32746 USA
Copyright © 2018 John Eckhardt
All rights reserved

Porciones de este libro fueron previamente publicadas por Casa Creación en el libro *Inquebrantable*, ISBN 978-1-62998-784-2, copyright © 2015.

Visite la página web del autor: www.johneckhardt.global

Aunque el autor hizo todo lo posible por proveer teléfonos y páginas de internet correctas al momento de la publicación de este libro, ni la editorial ni el autor se responsabilizan por errores o cambios que puedan surgir luego de haberse publicado.

Library of Congress Control Number: 2018934296
ISBN: 978-1-62999-371-3
E-book ISBN: 978-1-62999-377-5

Impreso en los Estados Unidos de América
18 19 20 21 22 * 5 4 3 2 1

CONTENIDO

Introducción

LA PROMESA DE DIOS PARA EL CREYENTE FIRME

Bienaventurado el hombre que teme a Jehová, y en sus mandamientos se deleita en gran manera. Su descendencia será poderosa en la tierra; la generación de los rectos será bendita. Bienes y riquezas hay en su casa, y su justicia permanece para siempre. Resplandeció en las tinieblas luz a los rectos; es clemente, misericordioso y justo. El hombre de bien tiene misericordia, y presta; gobierna sus asuntos con juicio, por lo cual no resbalará jamás; en memoria eterna será el justo. No tendrá temor de malas noticias; su corazón está firme, confiado en Jehová. Asegurado está su corazón; no temerá, hasta que vea en sus enemigos su deseo. Reparte, da a los pobres; su justicia permanece para siempre; su poder será exaltado en gloria. Lo verá el impío y se irritará; crujirá los dientes, y se consumirá. El deseo de los impíos perecerá.
—Salmo 112:1–10

DURANTE MUCHO TIEMPO, el Salmo 112 ha sido uno de mis favoritos. Estos diez versículos revelan las bendiciones y características de una persona que teme al Señor y se deleita grandemente en sus mandatos. A alguien así, yo lo llamo "creyente espiritualmente firme". Aquel que está fijo y establecido en el Señor, determinado, resuelto y recto.

Una de las características distintivas de mi ministerio es enseñarle a la gente cómo liberarse de las trampas y ataduras del enemigo. Desde la creación de la humanidad, el objetivo del enemigo ha sido alejarnos de todo lo que Dios ha prometido y de su propósito para nuestra vida. En el origen de sus ataques hay un esfuerzo por sacudirnos y hacernos inseguros e inestables en nuestra fe y confianza en Dios. Eso es lo que la Biblia llama doble ánimo: "Un hombre de doble ánimo es inestable en todos sus caminos" (Santiago 1:8). El rechazo abre la puerta para el doble ánimo. El rechazo nos sacude en nuestro conocimiento de quienes somos en Cristo. Luego viene la rebelión, lo que nos impide seguir y obedecer voluntaria y amorosamente a Dios. Esta es la esencia de una persona de doble ánimo: el rechazo y la rebelión.

Sin embargo, el corazón de una persona que teme al Señor está firme, establecido, seguro y confiado. Al reflejar el carácter de Dios en amor y santidad, su corazón no rechaza ni se rebela contra las cosas de Dios. La persona recibe la medida total de salvación y, por lo tanto, cosecha muchos beneficios. Así es la persona que el Salmo 112 nos revela. Tiene gracia, está llena de compasión y generosidad. No cambia de parecer. Esta persona no transige y es consistentemente recta. Su rectitud es permanente.

Este salmo provee el estándar al cual todos los creyentes firmes deben aspirar. Nuestra meta debería ser convertirnos en el hombre del Salmo 112. Este tipo de hombre de Cristo y las características o rasgos que nos revela este pasaje solo pueden ser alcanzadas a través de Cristo. Estos versículos revelan la clave para ser verdaderamente prósperos de adentro hacia afuera, prósperos en el sentido que Dios quiere para todo su pueblo.

Muchas de las lecciones y principios que se enseñan sobre la prosperidad, no lo hacen desde la perspectiva de alguien que es próspero desde adentro. La Biblia dice que debemos prosperar, así como prospera nuestra alma. La prosperidad es más que abundancia financiera o tener un montón de dinero. Usted puede tener dinero y no prosperidad. Si su matrimonio y otras relaciones están en ruinas, si su mente, cuerpo o espíritu están confundidos y no tiene paz, entonces no está prosperando.

LA PROSPERIDAD FLUYE DE ADENTRO HACIA AFUERA

La prosperidad es un resultado de la salvación. Es parte de nuestro pacto con Dios y es la manifestación total de *shalom*, o paz, que en el hebreo significa integridad, salud y sanidad, favor y una vida bendecida. *Shalom* significa que usted disfruta las relaciones, relaciones *saludables*. Disfruta de una mente y un cuerpo sano, y de finanzas sanas. La verdadera prosperidad es el resultado de prosperar en su interior.

Cuando usted no prospera, no busque culpar a algo o alguien más; busque en su interior. Pídale a Dios que le muestre lo que no está firme en su vida y en su corazón.

> Escudríñame, oh Jehová, y pruébame; examina mis íntimos pensamientos y mi corazón.
> —Salmo 26:2

> Examíname, oh Dios, y conoce mi corazón; Pruébame y conoce mis pensamientos; Y ve si hay en mí camino de perversidad, y guíame en el camino eterno.
> —Salmo 139:23–24

Pídale a Dios que le muestre si necesita sanar o liberarse de algo, de manera que lo que hay en el interior se manifieste en el exterior.

Amado, yo deseo que tú seas prosperado en todas las cosas, y que tengas salud, así como prospera tu alma.

—3 Juan 2

Si usted no es próspero en el interior, entonces, cualquier prosperidad exterior que obtenga será destruida. No puede sostener una prosperidad exterior sin estar firme internamente. Muchos tratan de prosperar financiera, física y mentalmente. Trabajan en su cuerpo alimentándolo sanamente y haciendo ejercicio. Se esfuerzan por tener paz y una mente clara. Quieren prosperar. Creen que es la voluntad de Dios que prosperen. Sin embargo, me sorprende cuántos de ellos que profetizan, hablan en lenguas, echan fuera demonios, son salvos, aman al Señor, estudian la Palabra y están llenos del Espíritu Santo, alaban a Dios, lo adoran y hacen todo lo que se les enseña, no están prosperando en su salud, en su mente, en sus finanzas o en sus relaciones. Son infelices, están insatisfechos, confundidos y turbados. No están prosperando.

UN PROBLEMA DEL CORAZÓN

Lo cierto es que nuestra vida es la consecuencia directa de lo que hay en nuestro corazón. Mientras más estudio el doble ánimo, más me doy cuenta de que no se trata solo de indecisión, duda, incertidumbre o inconsistencia, sino que es algo más, que es una característica de los malos, aquellos alejados de Dios por cualquier razón. Aunque, tratemos de normalizarlo, la inseguridad y el doble ánimo no son normales ni buenos. Son una gran limitante para una vida plena y placentera.

En los dos lugares en que la carta de Santiago habla del doble ánimo, el escritor aplica esta palabra a quien tiene alguna impureza en su corazón:

> El hombre de doble ánimo es inconstante en todos sus caminos.
> —Santiago 1:8

> Pecadores, limpiad las manos; y vosotros los de doble ánimo, purificad vuestros corazones.
> —Santiago 4:8

A lo largo de las Escrituras, a aquellos con doble ánimo se les iguala a la gente pecadora y malvada. En el Salmo 119:113, el salmista dice: "Aborrezco a los de doble ánimo, pero amo tu ley". (RVA2015), marcando una línea paralela entre la mentalidad estable y la obediencia a Dios.

El doble ánimo no es característico en una persona piadosa. El deseo de Dios para nosotros es que tengamos vida abundante, razón por la cual Él facilitó la liberación del doble ánimo. Dios quiere que nuestro corazón sea íntegro para que nuestra vida sea plena.

Cuando vemos a una persona que tiene la vida desordenada, generalmente se debe a que su corazón está confundido. La Biblia dice: "Sobre toda cosa guardada, guarda tu corazón; porque de él mana la vida" (Proverbios 4:23). En términos espirituales, el corazón es más que una bomba física para hacer circular la sangre por todo el cuerpo. El corazón al que se refiere la Biblia es la mente y el espíritu de la persona: el centro del ser. De ese centro fluyen los asuntos de la vida.

No podemos continuar funcionando bajo la falsa suposición de que todos tenemos un corazón bueno cuando el fruto de nuestra vida no es bueno. Sí, puede ser que de vez en cuando tengamos buenos momentos, pero si llevamos una vida desordenada, entonces nuestro corazón no está bien. Necesitamos un cambio de corazón.

Su corazón controla el fruto de su vida. Es importante asegurarse de que su corazón, alma y mente estén bien. Para eso es la liberación: para restaurar su alma y lidiar con algo en su interior que hace que su corazón no esté bien, ya sea rechazo, rebeldía, temor, enojo, lujuria, odio, resentimiento, amargura, falta de perdón, envidia, paranoia, egoísmo, desconfianza o cualquier problema que sea. Si esas cosas están en su corazón, afectarán su forma de vivir, desde las relaciones y el estilo de vida, hasta la prosperidad. Usted no prosperará como Dios quiere que lo haga si no prospera primero en su interior.

LA PROMESA DE UNA VIDA ESTABLE Y PRÓSPERA

> Considera al íntegro ["perfecto," LBLA], y mira al justo; Porque hay un final dichoso para el hombre de paz.
>
> —SALMO 37:37

"Perfecto" es lo que la Biblia identifica como completo, maduro, piadoso y consistente.[1] Los hombres y las mujeres perfectas o rectas aman a Dios y a los demás. Ellos han tomado la decisión de seguir la sabiduría de Dios, la cual les dirige en todo lo que hacen. Si algo sucede en su vida que desafía la sabiduría de Dios, ellos ya han tomado la decisión de rechazarlo. Eso es lo que hacen los creyentes rectos y con ánimo estable. Así es como llevan su vida.

Muchos quieren la bendición del Salmo 112, pero no quieren hacer lo necesario para que su corazón sea purificado de manera que puedan prosperar de adentro hacia afuera. La obediencia y el compromiso con Dios es lo que se necesita, y en este libro, vamos a estudiar el nivel de compromiso requerido para ser considerado un creyente como el del Salmo 112 y las bendiciones que vienen con ese estilo de vida.

Cada capítulo de este libro se enfocará en un concepto presentado en los versículos del Salmo 112. Cada versículo o grupo de versículos contiene atributos del creyente firme, así como las promesas de Dios relacionadas con aquel que ejemplifica estos atributos. Muchas de las promesas de Dios vienen en la forma de una relación de "si" y "entonces". Por ejemplo, Isaías 1:19 dice: "Si queréis y obedecéis, [entonces] comeréis lo mejor de la tierra" (LBLA, énfasis añadido). Al hacer nuestra parte de "querer y obedecer", *entonces* "comeremos lo mejor de la tierra".

Dios siempre es fiel en mantener sus promesas. Él nunca duda. Deuteronomio 7:9 dice: "Conoce, pues, que Jehová tu Dios es Dios, Dios fiel, que guarda el pacto y la misericordia a los que le aman y guardan sus mandamientos, hasta mil generaciones". *Pacto*, en este versículo, es sinónimo de la promesa, el juramento o el acuerdo de Dios con sus hijos, a fin de recompensarnos si nos mantenemos fieles a Él y a sus caminos.

Mientras analizamos el Salmo 112, veremos que está escrito con la misma estructura que un acuerdo de pacto. Vivimos como Dios manda: santos, justos y rectos; nos volvemos firmes, corregidos, establecidos e inamovibles en Él, y Él libera sus promesas. Este es un panorama de la promesa del Salmo 112:

1. Si tenemos temor de Dios, entonces nuestra vida será bendecida (versículo 1).

2. Si adoramos a Dios por medio de la obediencia, (versículo 1), entonces tendremos bendición generacional y crecimiento (versículo 2).

3. Si conocemos íntimamente al Dios que servimos, entonces tendremos más que suficiente. Habrá bienes y riquezas en nuestra casa (versículo 3).

4. Si procedemos con gracia y compasión, entonces la luz brillará en los lugares obscuros de nuestra vida (versículo 4).

5. Si administramos nuestros asuntos con honradez (equidad, honestidad, sabiduría), entonces nos irá bien (versículo 5, NTV). Viviremos una vida próspera y exitosa.

6. Si nos mantenemos rectos, sin transigir, entonces no nos vencerá el mal (NTV) y seremos recordados por siempre (versículo 6).

7. Si nos mantenemos firmes, confiando en Dios, entonces nuestro corazón estará

seguro y triunfaremos sobre el enemigo (versículos 7–8).

8. Si damos generosamente (versículo 9, NTV), entonces seremos exaltados con honor (versículo 9).

Los primeros tres aspectos de la promesa del Salmo 112 se tratan de Dios, nuestro temor y honra a Dios, nuestra relación con Él y nuestro conocimiento íntimo de su carácter y sus caminos. Los últimos cinco se tratan de nuestro carácter, nuestra fidelidad a Dios y nuestro compromiso para vivir consistentemente los cambios y transformaciones que su Espíritu trae a nuestra vida.

Nuestro objetivo es llegar a ser como la persona del Salmo 112. Esta persona es una representación de Cristo y las características o rasgos que este pasaje revela no pueden ser alcanzados excepto por medio de Cristo, por el poder y la gracia del Espíritu Santo. Estos versículos revelan las claves para ser verdaderamente prósperos: tener una vida de plenitud, paz, favor y salud en sus relaciones, su mente y sus finanzas. Profundicemos en cada uno para ver cómo podemos vivir la promesa del Salmo 112.

Capítulo 1

LAS CONSECUENCIAS DE UNA VIDA INESTABLE

Porque el que duda es semejante a la onda del mar, que es arrastrada por el viento y echada de una parte a otra. No piense, pues, quien tal haga, que recibirá cosa alguna del Señor. El hombre de doble ánimo es inconstante en todos sus caminos.
—Santiago 1:6–8

Ante la opción: "Buenas noticias o malas noticias primero", la mayoría de la gente dice: "Dame las buenas noticias primero". Para ellos, eso hace que las malas noticias sean más fáciles de manejar. Yo no voy a hacer eso aquí. Voy a darle las malas noticias primero para que pueda disfrutar el resto del recorrido, las cuales son solo buenas noticias. Empiezo con las noticias malas o difíciles primero porque quiero que usted vea por qué es importante estar de acuerdo con Dios para llevar una vida estable y santa. Cuando vea que la forma en que ha estado viviendo por sus propias fuerzas provoca más problemas con pocas recompensas y bendiciones, usted

1

apreciará más lo que descubrirá en el otro estilo: el estilo del creyente estable, determinado, del Salmo 112.

Usted no está obligado a llevar una vida inestable, de doble ánimo. No tiene que vivir en un estado de constante confusión interna y externa, dudando y titubeando sobre si a Dios le importa o si Él vendrá en su ayuda.

A veces, les decimos a los demás y a nosotros mismos, como si este tipo de inseguridad fuera normal, que así es la vida. "Bueno, uno nunca puede estar totalmente seguro", hemos dicho muchos de nosotros. A veces, excusamos las manifestaciones del doble ánimo y la inestabilidad espiritual como normal. Pensamos que ser inconsistente es natural y que todos somos así. Lo aceptamos. Pero ser de una manera en un momento y luego, de otra en otro momento, no es de Dios. La gente no puede creer eso. Cuando se es así, una montaña rusa de emociones, iniciando y dejando relaciones, siempre en conflicto o confusión, entonces usted no puede prosperar en la vida. Su vida carecerá del gozo y la paz que permanecen. Esta no es la voluntad de Dios para su vida.

No podemos tolerar ni conformarnos con la inconsistencia al vivir según la Palabra de Dios. Así como la persona del Salmo 112, nuestra rectitud debería continuar permanentemente. Este es nuestro *modus operandi* como creyentes: consistencia y estabilidad.

Así que, sí, empezaremos con las malas noticias.

Saldremos de ellas rápidamente, pues no es donde quiero profundizar. Sin embargo, muchos de nosotros necesitamos ver qué estamos haciendo mal para ver claramente lo que tenemos que hacer que es correcto y lo que traerá bendición y triunfo a nuestra vida y a la de quienes amamos e influenciamos. Esta imagen podría ser algo con lo que usted está muy familiarizado y cansado de ello. Es una imagen de la vida que usted ya no tiene que seguir llevando, la vida que no se asemeja al plan de Dios para usted y tampoco es la vida que Jesús compró para usted con su sacrificio en la cruz. Analizaremos una vida inestable desde tres perspectivas:

1. Su relación consigo mismo

2. Su relación con los demás

3. Su relación con Dios

SU "YO" INESTABLE

¿Se ha encontrado a sí mismo actuando a veces en polos opuestos? Quizá usted sea el ministro devoto, persona de oración y santo a veces, y aun así tiene periodos de pecado, duda y batalla con la lujuria. Quizá usted sea el creyente que lleva una vida cristiana fuerte, pero cae por temporadas. O, tal vez, usted sea una persona animada y alegre, pero tiene episodios de retracción y depresión. La persona que trabaja duro y es perfeccionista, pero tiene periodos de letargo y desaliño. La persona que es amable y gentil, pero tiene periodos de estallido y cólera. Casi parece que usted es dos personas diferentes. Ese es el doble ánimo, el tipo de inestabilidad que se manifiesta cuando usted no se ha afirmado en Dios.

La palabra griega para la frase "doble ánimo" (*dipsuchos*) literalmente significa "con doble alma", viene de *dis*, que significa "doble", y *psique*, que significa "mente".[1] Tener dos mentes es la descripción de la confusión. Confusión es falta de entendimiento; incertidumbre, una situación de pánico; el rompimiento del orden.

Aquí, voy a resaltar la manera más común en la que mostramos el doble ánimo a lo largo de nuestra vida.

Amor por el mundo

Según Santiago 4, el doble ánimo es como una guerra interior contra nosotros mismos. Externamente, podemos parecer amantes de Dios; pero, internamente, somos enemigos de Dios en nuestro corazón. Santiago dice que esto se debe a que, después de ser salvos, mantenemos una amistad con el mundo (versículo 4). Tratamos de ser religiosos y de amar a Dios y, simultáneamente, vamos tras pasiones mundanas. De esta dicotomía proceden cosas que vemos en nuestra vida y en relaciones, de menor a mayor escala y en medio.

> ¡Oh almas adúlteras! ¿No sabéis que la amistad del mundo es enemistad contra Dios? Cualquiera, pues, que quiera ser amigo del mundo, se constituye enemigo de Dios.
>
> —Santiago 4:4

En la introducción, hablé de los espíritus duales que forman el doble ánimo: rechazo y rebeldía. Es el lado del rechazo de la personalidad de doble ánimo el que se casa con una persona mundana por amor. Sencillamente, es el substituto de Satanás por el amor verdadero. El doble ánimo engendra mundanalidad y carnalidad.

Rebeldía de adolescente

La mundanalidad puede verse en la rebeldía del adolescente. Si recuerda sus años de adolescencia, quizá pueda recordar su deseo de involucrarse en un estilo de vida de lujuria, perversión, drogas u otros comportamientos que eran opuestos a la forma en que fue criado. Si es padre de adolescentes, posiblemente vea rebeldía en ellos. Muchas veces, la rebeldía de la adolescencia deja a los padres al borde de un colapso nervioso. Se pueden ver señales de doble ánimo en *piercing*, tatuajes, estilo de vestir *punk*, gótico, provocativo, adicción a las drogas, fumar, huir de casa, peleas, actividad pandillera, obscenidades, irrespeto a la autoridad, estilos de vida alternativos, depresión, tendencias suicidas y retraimiento.

> Desde hace ya una generación, los norteamericanos jóvenes, problemáticos, quienes se rebelan contra figuras de autoridad han sido diagnosticados cada vez más con enfermedades mentales y medicados con fármacos psiquiátricos (psicotrópicos). Los jóvenes problemáticos medicados con Ritalina, Adderall y otras anfetaminas reportan rutinariamente que esos medicamentos los hacen "preocuparse menos" por su desinterés, resentimientos y otras emociones negativas; por consiguiente, los hace condescendientes y manejables. Los llamados antisicóticos atípicos tales como Risperdal y Ziprexa —medicamentos tranquilizantes poderosos— cada vez más son prescritos a jóvenes norteamericanos problemáticos; aunque, en la mayoría de los casos, los jóvenes no demuestran ningún síntoma psicótico.[2]

El doble ánimo del adolescente se ha convertido en una epidemia. La mayoría no sabe con qué está lidiando. La solución de Dios es liberación y sanidad. Al doble ánimo también se le ha llamado agresión pasiva; sin embargo, es simplemente rechazo/rebeldía.

Indecisión

> Y si mal os parece servir a Jehová, *escogeos* hoy a quién sirváis; si a los dioses a quienes sirvieron vuestros padres, cuando estuvieron al otro lado del río, o a los dioses de los amorreos en cuya tierra habitáis; pero yo y mi casa serviremos a Jehová.
>
> —JOSUÉ 24:15, ÉNFASIS AÑADIDO

El doble ánimo provoca indecisión, dando lugar a postergación, transigencia, confusión, olvido e indiferencia. La indecisión es uno de los problemas más debilitantes en la vida ya que la vida está basada en decisiones. La indiferencia es una actitud que hace que una persona evite tomar decisiones. Postergar es otra manera de evitar las decisiones al dejarlas de lado para un tiempo futuro. También puede estar enraizada en el temor de tomar una decisión. Adicionalmente, está el temor a tomar la decisión *equivocada*.

Nuestras elecciones preparan el terreno para el triunfo o el fracaso. Una persona de doble ánimo tiene dificultad para tomar decisiones y, con frecuencia, cambia de manera de pensar después de haber tomado una decisión.

Esto da lugar a la duda y siempre cuestiona las decisiones propias.

> A los cielos y a la tierra llamo por testigos hoy contra vosotros, que os he puesto delante la vida y la muerte, la bendición y la maldición; escoge, pues, la vida, para que vivas tú y tu descendencia.
> —DEUTERONOMIO 30:19

La Palabra de Dios nos desafía a tomar decisiones sabias. Se nos manda a elegir la vida. Podemos elegir bendición o maldición. Podemos elegir el temor del Señor. Podemos elegir servir al Señor.

Nuestra vida es el resultado de nuestras elecciones. Elegimos nuestros caminos en la vida. Elegimos con quién casarnos. Cuando tenemos hijos, influenciamos lo que ellos elegirán cuando sean mayores. Elegimos los trabajos que ejerceremos, las amistades que tendremos y los lugares donde viviremos. La Biblia está llena de ejemplos de hombres y mujeres que tomaron malas decisiones y sufrieron las consecuencias. Además, nos muestra la bendición de las elecciones sabias.

Muchas veces, la persona con doble ánimo se paraliza cuando tiene que tomar decisiones. ¿Alguna vez ha estado cerca de quienes no pueden decidir qué quieren hacer en la vida? Es frustrante, y todavía me quedo corto.

Eso puede ser una señal de doble ánimo y la necesidad de liberación. Tomar decisiones correctas es el resultado de una personalidad sabia y estable.

Mala salud

> El corazón alegre constituye buen remedio;
> Mas el espíritu triste seca los huesos.
> —PROVERBIOS 17:22

Chris Simpson de *New Wine Media* enseña sobre los efectos que la atadura de rechazo del doble ánimo puede tener en su salud física. Él dice:

> ¿Sabía que el rechazo puede afectarle físicamente? Puede secar sus huesos. Generalmente, los que "interiorizan" son quienes tienden a enfermarse por su rechazo. ¿Por qué? Se debe a que el rechazo produce ira. Y usted debe hacer algo con esa ira. Si la entierra dentro de sí, esta encontrará una manera de salir a la superficie. Si vive negando su ira, entonces estará resentido y amargado. Estas actitudes pueden traer problemas físicos.
>
> Con frecuencia, veo a personas sanadas al instante cuando perdonan a aquellos que les han lastimado y cuando renuncian a la amargura y al resentimiento en su corazón. Es

sorprendente cuán rápidamente el Espíritu Santo sana y da vida a los huesos secos. Muchas enfermedades y padecimientos físicos tienden a provenir del rechazo y la amargura: problemas en la piel, dolores de cabeza, alergias, dolor de cuello o espalda, rigidez en las coyunturas, artritis, dolores, estrés, nerviosismo y varias dolencias.[3]

Durante mis casi cuarenta años de ministerio en liberación, yo también he visto lo que él comparte aquí. Cuando he impuesto manos en un individuo para libertarlo de la amargura, el enojo y la falta de perdón, he encontrado que el rechazo y la rebeldía se encuentran en la raíz de sus problemas. Con frecuencia, cuando perdonan y sueltan la amargura, se sanan de muchas dolencias físicas tales como: enfermedad cardíaca, algunas formas de cáncer, artritis entre otras.

El rechazo es la parte del doble ánimo que conduce al autorechazo, lo cual se manifestará en el cuerpo como una enfermedad. Estamos siendo testigos de un aumento en el diagnóstico de enfermedades autoinmunes, y la causa de la mayor parte de eso se dice que es desconocida. Las enfermedades autoinmunes suceden cuando el sistema inmunológico empieza a atacar al cuerpo. Tiroiditis, artritis, diabetes tipo 1, ciertos tipos de cáncer y enfermedades del corazón, lupus, diferentes tipos de alergias y asma son clases de enfermedades autoinmunes. Los síntomas de la enfermedad autoinmune se manifiestan con frecuencia después de que la persona experimenta una pérdida devastadora, atraviesa un trauma o está excesivamente estresada durante un tiempo.

Si usted ha estado lidiando con alguna enfermedad recurrente y no ha podido encontrar una cura, busque un ministro de liberación o empiece a pedirle al Señor que le ayude a descubrir alguna herida en su vida que pueda hallarse en la raíz de su enfermedad.

SU "YO" INESTABLE Y LOS DEMÁS

La inestabilidad en relación con su lugar en Dios puede dar lugar a una vida de malas relaciones. Las relaciones y los pactos requieren estabilidad. La gente inestable tendrá dificultad en desarrollar relaciones duraderas y estables. Esto también afecta a los matrimonios y es la verdadera causa de muchos divorcios. La inestabilidad afecta familias e hijos, quienes necesitan padres estables y un ambiente hogareño firme para crecer.

Las personas inestables son cónyuges inestables

El doble ánimo afecta nuestra capacidad para honrar y ser fieles al pacto. El pacto requiere estabilidad, lealtad y fidelidad. ¿Cómo podemos andar en un pacto si tenemos doble ánimo? ¿Cómo podemos tener relaciones fuertes de pacto si tenemos doble ánimo?

El matrimonio es un pacto entre marido y mujer. ¿Hay que maravillarse de que tengamos tantos divorcios dentro y fuera de la iglesia? Hay demasiadas personas inestables casándose. La gente de doble ánimo tendrá inestabilidad en su matrimonio. Seguiremos viendo matrimonios en problemas a menos que se trate con el doble ánimo. Con un número tan grande de matrimonios terminado en divorcio, no es de sorprenderse que el doble ánimo sea un problema mayúsculo.

Los hombres inestables son esposos y padres inestables

Hay muchos hombres de doble ánimo que están casados y tienen hijos. Las familias necesitan hombres fuertes, determinados. Los hombres están llamados a ser los proveedores y protectores de la familia. Cuando surgen los problemas, el esposo y padre debe poder ponerse firme y decir: "Cariño, yo me encargo de esto. No te preocupes, bebé. Hijos, no se preocupen. Todo está bien. Yo le creo a Dios. Oro. Ato. Desato. Tomo autoridad sobre el diablo. Soy la cabeza de mi casa. Diablo, no puedes tener a mi esposa, mis hijos o mi familia. No nos destruirás, porque yo confío en Dios. Soy la cobertura. Soy la cabeza de esta casa".

Sin embargo, encontramos muy frecuentemente hombres débiles, indecisos que dejan que su esposa vaya a la iglesia, ore y crea sola, mientras ellos se quedan en casa viendo el juego. Luego, cuando surge el problema espiritual, ellos no saben cómo orar, atar al diablo, soltar, enfrentar algo o recitar un versículo. Ellos dejan a sus familias vulnerables al ataque.

Son borrachos, mujeriegos, mentirosos y tramposos. Ellos no quieren casarse, criar a sus hijos o mantener un pacto. Así es como afecta el doble ánimo las relaciones más críticas en nuestra sociedad.

SU "YO" INESTABLE Y DIOS

Dios es un Dios de pactos, y nuestra relación con Él se basa en un pacto. El doble ánimo hace imposible tener una relación firme, leal e íntima con Dios. Nos volvemos personas inestables, incrédulas y reincidentes, que somos incapaces de estar firmemente plantados en Él.

Dios es un Dios de pactos, y nuestra relación con Él está basada en un pacto. El doble ánimo imposibilita tener una relación estable, leal e íntima con Dios. Nos volvemos personas inconstantes, incrédulas y reincidentes, y no tenemos la capacidad para estar firmemente plantados en Él.

En mi ministerio, hubo veces en que veía a la misma

13

persona una y otra vez pasar al altar para recibir salvación. Me preguntaba: "¿Cuántas veces volverá al Señor? ¿Cuántas veces vendrá al altar? ¿Cuántas veces será el hijo pródigo? ¿Cuántas veces pasará por el chiquero? ¿Dónde está su consistencia con Dios?".

No podemos ser felices con una vida así. Es difícil no estar alineados con Dios después de haberlo estado. Cuando reincidimos, lidiamos con el tormento. No podemos descansar o estar en paz porque nuestro corazón ha conocido la amistad de Dios. ¿Quién quiere llevar una vida que no puede disfrutar?

Este compromiso intermitente con Dios es el patrón de vida de muchos creyentes. He visto creyentes comprometerse con Cristo y luego, dan la vuelta y regresan al mundo. Ellos regresan y repiten el proceso otra vez. Es desgarrador.

La incredulidad y la reincidencia son señales de doble ánimo, indecisión entre dos estilos de vida. También eran los problemas de aquellos en la iglesia primitiva que se apartaban de la fe. Muchos de los hebreos estaban volviendo al sistema del antiguo pacto. Dudaban en su fe. La indecisión es una señal del doble ánimo.

EXAMÍNESE

¿Hay doble ánimo en su caminar con Cristo? ¿Tiene un récord de reincidencia y separación de la fe? ¿Es culpable de mundanalidad y carnalidad? ¿Se derrumba cuando está bajo presión o es perseguido y vuelve a las cosas del mundo? Todas estas son señales de doble ánimo que pueden dificultar lidiar con los desafíos que acompañan a ser un creyente. ¿Cuántas veces ha sentido como que una tormenta se cierne en su interior? Santiago 1:6 describe el doble ánimo como si fuera una tormenta:

> Pero pida con fe, no dudando nada; porque el que duda es semejante a la onda del mar, que es arrastrada por el viento y echada de una parte a otra.

¿Tiene usted un récord de relaciones tormentosas? Si es un ministro o líder, ¿siempre hay tormentas en su iglesia o dentro de su equipo u organización? Si la respuesta es sí, entonces el problema es el doble ánimo.

El Espíritu Santo empieza a mostrarle algunas tendencias de doble ánimo en su vida. El Señor le llama a tener más estabilidad en ciertas áreas. No descarte la reprensión del Señor. El reprende al que ama. El amor y la gracia de Dios es lo que nos llama al arrepentimiento.

Por medio del arrepentimiento y la liberación podemos establecer una posición en Él. Podemos andar honestamente y recibir todos los beneficios de ser sus hijos.

Esas fueron las malas noticias. Ahora, le animo a continuar a través de las siguientes partes de este libro en oración y expectativa, mientras el Señor le muestra sus promesas para usted cuando se compromete a estar afianzado y plantado en Él y en sus caminos.

ORACIONES PARA ROMPER CON EL ESPÍRITU DEL DOBLE ÁNIMO

Yo ato y reprendo todo espíritu que intente distorsionar, estorbar o desintegrar el desarrollo de mi personalidad en el nombre de Jesús.

Rompo todas las maldiciones de esquizofrenia y doble ánimo en mi familia en el nombre de Jesús.

Ato y reprendo al espíritu del doble ánimo en el nombre de Jesús (Santiago 1:8).

Ato y tomo autoridad sobre el hombre fuerte del rechazo y la rebelión y los separo en el nombre de Jesús.

Ato y echo fuera a los espíritus de rechazo, temor al rechazo y autor rechazo en el nombre de Jesús.

Ato y echo fuera a todos los espíritus de lujuria, fantasía, prostitución y perversidad en el nombre de Jesús.

Ato y echo fuera a todos los espíritus de inseguridad e inferioridad en el nombre de Jesús.

Ato y echo fuera a todos los espíritus de autoacusación y confesión compulsiva en el nombre de Jesús.

Ato y echo fuera a todos los espíritus de temor de juicio, autocompasión, falsa compasión y falsa responsabilidad en el nombre de Jesús.

Ato y echo fuera a todos los espíritus de depresión, abatimiento, desesperación, desánimo y desesperanza en el nombre de Jesús.

Ato y echo fuera a todos los espíritus de culpa, condenación, falta de mérito y vergüenza en el nombre de Jesús.

Ato y echo fuera a todos los espíritus de perfección, orgullo, vanidad, ego, intolerancia, frustración e impaciencia en el nombre de Jesús.

Ato y echo fuera a todos los espíritus de injusticia, aislamiento, enfado, fantasía, fantasía e imaginación potente en el nombre de Jesús.

Ato y echo fuera a todos los espíritus de conciencia propia, timidez, soledad y susceptibilidad en el nombre de Jesús.

Ato y echo fuera a todos los espíritus de charlatanería, nerviosismo, tensión y temor en el nombre de Jesús.

Ato y echo fuera a todos los espíritus de obstinación, egoísmo y necedad en el nombre de Jesús.

Ato y echo fuera a todo espíritu de acusación en el nombre de Jesús.

Ato y echo fuera a todo espíritu de autoengaño, auto decepción y auto seducción en el nombre de Jesús.

Ato y echo fuera a todo espíritu de juicio, orgullo y no enseñable en el nombre de Jesús.

Ato y echo fuera a todo espíritu de control y posesividad en el nombre de Jesús.

Ato y echo fuera toda raíz de amargura en el nombre de Jesús.

Ato y echo fuera a todo espíritu de odio, resentimiento, violencia, homicidio, falta de perdón, enojo, venganza en el nombre de Jesús.

Ato y echo fuera todo espíritu de paranoia, sospecha, desconfianza, persecución, confrontación y temor en el nombre de Jesús.

Capítulo 2

BIENAVENTURADO

Bienaventurado [afortunado, próspero, favorecido por Dios] es el hombre que teme al Señor, [con reverencia inspirada por el asombro y que lo adora con obediencia] que mucho se deleita en sus mandamientos.
—SALMO 112:1, LBLA, ÉNFASIS AÑADIDO

CUANDO SE LES pregunta qué quieren hacer con su vida, muchos responden: "Yo solo quiero ser feliz". Quizá usted haya respondido lo mismo. En la Biblia, la palabra *bienaventurado* es sinónimo de *felicidad*.[1] Si lo piensa, ya sea que seamos creyentes o no, pasamos la mayor parte de nuestra vida buscando la felicidad. Incluso es la base de la Declaración de Independencia de Estados Unidos: "Sostenemos como evidentes estas verdades: que los hombres son creados iguales; que son dotados por su Creador de ciertos derechos inalienables; que entre estos están la vida, la libertad y la búsqueda de la felicidad".[2] A pesar de que ser bienaventurado y feliz es una búsqueda que Dios nos dio, no la experimentamos lo suficiente.

La felicidad se ha vuelto tan difícil de encontrar que hemos llegado a creer y a esperar que sea inalcanzable. Debido a que somos infelices, hacemos que los demás se sientan culpables si son felices o están satisfechos. Sin embargo, la persona que está firme y establecida en Dios es feliz. Es quien ha encontrado la sabiduría y el entendimiento de Dios (Proverbios 3:13). Son los que aman la corrección de Dios y no desprecian su instrucción (Job 5:17). Detestan el pecado, pero tienen misericordia del pobre (Proverbios 14:21). Tratan las situaciones sabiamente y confían en el Señor (Proverbios 16:20). Son fructíferos y se multiplican (Salmo 127:5). Comen del fruto de su trabajo y todo les sale bien (Salmo 128:2). Su Dios es el Señor (Salmo 144:15). Su ayuda es el Dios de Jacob. Su esperanza está en el Señor (Salmo 146:5). Guardan la ley de Dios y la ley de la tierra (Proverbios 29:18). Son aquellos a quienes el Señor ha salvado. Él es su escudo y su espada (Deuteronomio 33:29).

Entonces, lo que vemos aquí es que ser feliz y llevar una vida bendecida se resume a nuestra posición en Dios. Cuando estamos alineados con Dios, vamos a un ritmo con Él. Tenemos que entrar en un acuerdo con Él en lo que se refiere a la manera en que ha diseñado que vivamos. Eso es lo que significa estar en un pacto con Dios. La persona del Salmo 112 no es inconstante en su compromiso con Dios. Se mantiene de acuerdo con el plan de Dios para su vida; por lo tanto, está bendecida, feliz, satisfecha y conforme.

DIOS QUIERE QUE USTED SEA FELIZ

Los pensamientos de Dios en lo que se refiere a su paz y felicidad son mucho más altos de lo que usted podría imaginar. Su deseo es bendecirle y prosperarle, darle su gracia, favor y protección. Desafortunadamente, algunas personas creen que Dios no quiere que seamos felices. ¿Ha escuchado a alguien decir: "Dios no quiere que seas feliz; Él quiere que seas santo"? Eso hace que la santidad parezca un castigo, que es desagradable seguir a Dios. La promesa del Salmo 112 desafía ese tipo de pensamiento.

La santidad, puesta de la manera correcta, es felicidad en la mente de Dios. Quizá tengamos la idea equivocada de lo que significa ser feliz. Podemos decir fácilmente: "Soy bendecido y altamente favorecido". Los religiosos lo dicen siempre sin pensar verdaderamente en su significado. Sin embargo, honestamente ¿cuán fácil es decir "soy feliz"? Hemos llegado a estar tan atados en nuestro pensamiento sobre que Dios quiere bendecirnos. El camino del transgresor es el difícil (Proverbios 13:15). La persona de doble ánimo, amargada, rebelde, confundida y enojada tiene una vida difícil, pero feliz es el hombre o la mujer que pone su confianza en el Señor.

Necesitamos comprender que Dios ha movido cielo y tierra para traer paz y felicidad a nuestra vida. Eso no quiere decir que el dolor y la decepción no vendrán, sino que el deseo de Dios es darle a usted *shalom*, la paz en toda su medida. Este es el regalo de Dios para usted, su hijo. Dios bendice a su pueblo y lo rescata. Sencillamente, eso hace. Se requiere fe para creer que Dios quiere que seamos bendecidos y que tengamos vidas buenas. Se requiere fe para acallar las mentiras del enemigo que nos dice que seguir a Dios es triste, sin gracia y difícil.

Las personas felices son prósperas

Las personas bienaventuradas son prósperas y, aunque aprenderemos en un próximo capítulo que los bienes y las riquezas habitan en sus casas, la prosperidad es más que dinero. Adicionalmente a tener provisión más que suficiente, también significa tener relaciones prósperas, dominio propio, poder dormir por la noche, sin culpa, sin condenación, sin vergüenza y sin temor. Prosperidad significa que usted tiene todo lo que necesita y que no hay nada que no funcione en su vida. Algunos tienen dinero, pero su mente, corazón, relaciones y matrimonio no funcionan. La bendición financiera es solamente una parte del todo. Hay una vida integral de prosperidad que deberíamos estar llevando.

RENUEVE SU MENTE CON RESPECTO A LA BENDICIÓN Y LA PROSPERIDAD

En el cuerpo de Cristo, muchos se alejan del concepto de la prosperidad, pero la Biblia no. Una de las cosas que espero anular con el mensaje de este libro es la idea de que Dios quiere que usted solo tenga lo necesario, solo lo suficiente para irla pasando y, que cualquier cosa por encima de eso, no es santo. La Biblia dice que las riquezas de los malvados están destinadas para los justos (Proverbios 13:22). Dice que Cristo se volvió pobre para que nosotros pudiéramos ser ricos (2 Corintios 8:9): ricos en espíritu y ricos en lo natural. A Dios le complace la prosperidad de sus siervos (Salmo 35:27).

Una forma de contraatacar los patrones de pensamiento equivocados sobre el deseo de Dios para su pueblo es estudiar la Palabra. La Palabra de Dios ilumina su voluntad y abre nuestros oídos para escuchar lo que su Espíritu está tratando de decirnos. Nuestra mente necesita ser renovada según el Espíritu, y esto sucede al leer y meditar en su Palabra. Es necesario que eso suceda cada vez más en lo relacionado con la prosperidad y la bendición de Dios.

He hecho una investigación exhaustiva sobre la bendición y la prosperidad, y he hallado que las escrituras para estos conceptos se encuentran en casi cada libro de la Biblia. Creo que esto revela cuánto las desea Dios para nosotros.

Veamos algunas definiciones bíblicas de palabras clave que están relacionadas con la prosperidad, la bendición y la paz.

Prosperidad, bendición y paz en el Antiguo Testamento

La mayor parte del Antiguo Testamento se escribió en hebreo.

1. *Berakah* (Deuteronomio 28:2) es la palabra hebrea para *bendición*. Significa una bendición, generoso, don, regalo. Proviene de la palabra *barak*, que significa bendición; por implicación: prosperidad, bendición, generoso, don, regalo, paz, generosidad.[3]

2. *Sakal* (Deuteronomio 29:9) es la palabra aramea muchas veces traducida como "próspero". Significa ser prudente, cauteloso, tener conocimiento, actuar sabiamente, dar atención a, hacer prosperar.[4]

3. *Tsalach* (Salmo 118:25) es una palabra hebrea que significa impulsar, prosperar, avanzar, tener éxito.[5]

4. *Chayil* (Deuteronomio 8:17–18) es
   una palabra hebrea que significa fortaleza, poder, eficiencia, riqueza, fuerza y
   ejército.[6]

5. *Shalah* (Salmo 122:6) es una palabra hebrea que significa estar en descanso, estar
   quieto, prosperar.[7]

6. *Shalowm* (Isaías 9:7) es la palabra hebrea
   que significa paz, armonía, integridad, en-
   tereza, prosperidad y bienestar.[8]

7. *Ravah* (Salmo 36:8) es la palabra hebrea
   que significa estar satisfecho, estar llenos,
   plenitud, abundantemente satisfecho.[9]

8. *Koach* (Deuteronomio 8:18) es la palabra
   hebrea para *poder* que significa fuerza,
   producir, riqueza.[10]

9. *Kabad* (Isaías 60:13) es la palabra hebrea para *gloria* que significa honra, abundancia, riqueza, peso, esplendor.[11]

10. *Hown* (Salmo 112:3) es la palabra hebrea
    para *riqueza* que significa abundancia de
    posesiones valiosas o dinero, o sustancia
    suficiente.[12]

11. *Ratsown* (Salmo 5:12) es la palabra hebrea para *favor* que significa benevolencia; "un acto cortés, amigable, o servicial que se otorga gratuitamente".[13]

12. *Gamal* (Salmo 13:6) es la palabra hebrea para *abundante* que significa "liberal parar conceder regalos, favores, o recompensas, generoso, dadivoso".[14]

13. *Esher* (Deuteronomio 33:29) es la palabra hebrea para *feliz* que significa volverse feliz, felicidad, dicha.[15] Lea nombró a su hijo Aser (Génesis 30:13), una variante de *ashar*.[16]

14. *Tuwshiyah* (Proverbios 8:14) es la palabra hebrea para *sabiduría* que significa sabiduría profunda o sabiduría eficiente y éxito perdurable.[17]

15. *Shalal* (2 Crónicas 20:25) es la palabra hebrea para *botín* o *trofeo* que significa gran dolor o saqueo, los saqueos o recompensas de la guerra.[18]

Prosperidad, bendición y paz en el Nuevo Testamento

El Nuevo Testamento fue escrito mayormente en griego.

1. *Eulogeō* (Hechos 3:26) es la palabra griega que significa bendecir, hacer feliz, y conceder bendiciones.[19]

2. *Therizō* (Juan 4:36) es la palabra griega que significa cosechar, como los frutos de una cosecha.[20]

3. *Euodoō* (3 Juan 2) es la palabra griega que significa "ayudar en el camino", prosperar, "tener un viaje próspero", literal o figurativamente".[21]

4. *Apekdyomai* (Colosenses 2:15) es la palabra griega que significa despojado del enemigo; desarmar y botín o saquear al enemigo.[22]

5. *Empiplēmi* (Hechos 14:17) es la palabra griega que significa llenar, llenar completamente, llenar abundantemente, satisfacer.[23]

6. *Diathēkē* (Hebreos 8:6) es la palabra griega que significa pacto, "la última disposición que uno hace de sus posesiones

terrenales después de su muerte, un testamento o voluntad".[24]

7. *Plēthynō* (Hechos 6:7) es la palabra griega que significa aumentar, multiplicar.[25]

8. *Perisseuma* (2 Corintios 8:14) es la palabra griega que significa abundancia, el residuo de abundancia, los restos, deleitarse en el sobrante de la abundancia.[26]

9. *Autarkeia* (2 Corintios 9:8) es la palabra griega que significa suficiencia divina, provisto totalmente de todas nuestras necesidades.[27]

10. *Dynamis* (2 Corintios 9:10–12) es la palabra griega que significa poder sobrenatural, la habilidad divina para multiplicar, sanar y poder milagroso.[28]

Verá estas palabras, ideas y escrituras repetirse a lo largo del libro. Estas definiciones le ayudarán a ampliar su comprensión de todo el ámbito de la prosperidad: tanto de las bendiciones espirituales, así como las naturales.

Otro versículo clave para la prosperidad es Proverbios 10:22: "La bendición de Jehová es la que enriquece, y no añade tristeza con ella". Esto destaca que Dios quiere que disfrutemos la vida, disfrutemos su bendición, que seamos felices y estemos en paz.

Lo opuesto a prosperidad es carencia, escasez, pobreza, vacío, infertilidad, bancarrota, reincidencia, opresión, atadura, cautiverio, esclavitud, tristeza, derrota, estancamiento, fracaso y vergüenza. La mayoría de estas parecen ser manifestaciones del doble ánimo que mencioné en el primer capítulo de este libro. El ánimo estable disfruta de bendiciones de paz y prosperidad.

Le animo a buscar cada escritura de las dos listas anteriores y a formar su propio conjunto de confesiones que le ayudarán a recibir la revelación de que el deseo de Dios es que usted sea bendecido y feliz.

LA GENTE LLENA DE PAZ ES GENTE BENDECIDA, FELIZ Y PRÓSPERA

Parece como que hemos pasado de bendecido a feliz a próspero y ahora estamos viendo la paz. Si ha estado muy atento, comprenderá que el núcleo del estilo de vida de Salmo 112 es paz: paz con Dios, lo que da paso a la bendición, prosperidad, incremento y paz con los demás seres humanos. Como creyentes del Salmo 112, experimentamos la bendición de Dios a través de su pacto de paz o *shalom*.

La paz que tenemos en el núcleo de las bendiciones

de pacto significa que todos nuestros caminos están gobernados por la paz de Dios. Usted llegará a volverse protector de esa paz porque esta lo aísla y protege contra los altibajos de la vida. La paz lo lleva a tomar decisiones diferentes sobre el dinero, su carrera, sus relaciones y su familia. Ejecutar los juicios de un corazón sabio y que discierne hace la paz. A medida que la paz de Dios inunda su vida: incrementa la prosperidad, incrementa la felicidad y su depósito está lleno de la bendición de Dios, usted se volverá un activista de la paz. La pregunta: "¿Qué contribuye a mi paz?", gobernará su vida.

> Bienaventurados los pacificadores, porque ellos serán llamados hijos de Dios.
> —MATEO 5:9

> Bienaventurados [felices, prósperos, y envidiados] los que procuran la paz, pues ellos serán llamados hijos de Dios.
> —MATEO 5:9, LBLA, ÉNFASIS AÑADIDO

Un hijo de Dios no mantiene mucha confusión. Un hijo de Dios es pacífico. ¿Es usted una persona pacífica? ¿Le gusta la confusión? La gente próspera se alejará de las peleas y la confusión aun cuando logre comunicar su punto. Ve el conflicto como algo nocivo para su prosperidad. No le da cabida en su vida.

Puede estar en desacuerdo con alguien y, aun así, ser pacífico. La contienda es para el que discute, el orgulloso y aquellos que tienen que salirse con la suya. La contienda es para los de doble ánimo. Como creyente que imita al del Salmo 112, eso no encaja en su vida.

> Si es posible, en cuanto dependa de vosotros, estad en paz con todos los hombres.
> —Romanos 12:18

> Seguid la paz con todos, y la santidad, sin la cual nadie verá al Señor.
> —Hebreos 12:14

> Porque: El que quiere amar la vida y ver días buenos, refrene su lengua de mal, y sus labios no hablen engaño; apártese del mal, y haga el bien; busque la paz, y sígala.
> —1 Pedro 3:10–11

A veces, nos quedamos tan estancados en la lucha que empezamos a pensar que es normal tener problemas. Pero no lo es. Usted tiene el poder para pedir días buenos en su vida y estar en paz y lleno de bendición y prosperidad. Algunos no creen poder vivir sin dificultades. Sin embargo, no fue por lo que Jesús murió. Usted puede tener una vida buena, especialmente cuando refrena su lengua del mal. Cuide su boca. No diga chismes. No discuta. No pelee. No incite a confusión. Y no se mantenga en compañía de quienes participan de ese comportamiento. Busque la paz. La paz es prosperidad. No puede prosperar si no controla su lengua.

Como hijo de Dios, lleno del Espíritu Santo, la confusión y la lucha debería irritarlo y estar en desacuerdo con su espíritu porque la paz es un fruto del Espíritu (Gálatas 5:22). Usted no puede estar cerca de eso. No es normal.

Por supuesto, hay tiempo de guerra y defensa propia (Salmo 120:7), pero en todo lo posible, una persona próspera mantiene una política estricta de paz. Ella conoce el valor de la bendición de Dios. Conoce el precio pagado por la paz, así que la protege. Protege la bendición de Dios. Protege sus bienes y riquezas. Ama la vida, promueve la paz y procura ver días buenos.

OBTENGA LA PAZ DE DIOS

Cuando el mundo, que siempre lucha por encontrar la paz, quiere paz ¿dónde está el modelo? ¿Hacia quién puede el mundo volver los ojos para ver un modelo de paz? ¿Dónde puede el mundo encontrar un grupo de personas, de todos los diferentes trasfondos, negro y blanco, judío y gentil, que se unan y vivan en paz a causa del Príncipe de paz? Solamente hay un lugar donde esto puede suceder verdaderamente: la iglesia.

> ¡Mirad cuán bueno y cuán delicioso es habitar
> los hermanos juntos en armonía!...porque allí
> envía Jehová bendición, y vida eterna.
> —SALMO 133:1–3

El plan de Dios para su pueblo era que fuera un modelo de *shalom* para el mundo. Por eso, Él resalta a la gente como Job y el hombre del Salmo 112. Él quiere mostrarle al mundo que allí es un lugar donde el león y el cordero conviven (Isaías 11; Isaías 65). Esta es una imagen que representa la venida del Príncipe de paz al corazón de la gente por medio del cual pueden amar a las personas que una vez odiaron. Usted no puede ser un hijo de Dios si odia a la gente (1 Juan 4:20). La iglesia es el único lugar donde podemos demostrarle al mundo la manera para vivir en paz. Ese es nuestro llamado. Sin embargo, si usted mira a su alrededor el domingo por la mañana, lo que ve no siempre es tan pacífico.

La iglesia debería ser una comunidad de paz, pero se le ha conocido como una zona de guerra. He visto iglesias donde los diáconos llegan armados. He escuchado de pastores que, en las reuniones, ponen armas sobre las mesas para hacerle saber a todos que, si los ánimos se caldean, ellos están preparados. La gente sube videos a YouTube de las peleas en la iglesia. Y todos hemos estado en reuniones de consejo donde las cosas se ponen mal. Escuche, esto no es la mafia; ¡es la iglesia!

¿Cómo es eso que podemos estar en la iglesia y llamarnos a nosotros mismos hijos de Dios, y estar llenos del diablo? Es porque aun los creyentes necesitan experimentar el verdadero *shalom* de Dios. Necesitamos una revelación de su pacto de paz, el cual cumplió a través de su Hijo, el Príncipe de paz, quien vino predicando el evangelio de la paz, el evangelio del reino. Necesitamos arrepentirnos de nuestra incredulidad en esta área para recibirla.

Algunos de nosotros no nos damos cuenta de que rechazamos la paz de Dios al pensar y enseñar que la vida debería ser dura y que Dios no quiere que seamos felices y prósperos. Rechazamos el pacto de paz cuando pensamos que todas las cosas buenas están en espera de que Jesús regrese. Cuando somos de doble ánimo, no andamos en la paz y prosperidad de Dios. El doble ánimo hace que rechacemos las cosas de Dios aun si somos salvos.

Cuando no estamos alineados con Dios, no tenemos fe en que Él es nuestra paz, podemos orar por paz todo el año, pero sin Jesús, quien es el Príncipe de paz, *shalom* nunca llegará. Este tipo de pensamiento le pone límites a Dios, quien anhela bendecir a su pueblo. Dios detesta estar limitado. No hay fin ni límite para su paz. Es su deseo liberarlo en cada área de su vida.

La paz llega a los que son los santos de Dios. Romanos 1:7 dice: "A todos los que estáis en Roma, amados de Dios, llamados a ser santos: Gracia y paz [prosperidad, *shalom*] a vosotros, de Dios nuestro Padre y del Señor Jesucristo". ¿Es usted un santo? ¿Está injertado en la familia de Dios? ¿Es usted la semilla espiritual de Abraham?

Como santo de Dios, Él quiere que usted renueve su mente (Romanos 12:1–2) para que pueda ser como el hombre del Salmo 112: consistente, firme y determinado. No puede ser carnal y mundano durante la semana —sin leer ni estudiar la Palabra, y sin tratar bien a las personas— luego, profetizar y hablar en lenguas cuando llegue a la iglesia. Usted no tendrá paz y prosperidad así.

> Porque el ocuparse de la carne es muerte, pero el ocuparse del Espíritu es vida y paz. Por cuanto los designios de la carne son enemistad contra Dios; porque no se sujetan a la ley de Dios, ni tampoco pueden; y los que viven según la carne no pueden agradar a Dios.
> —Romanos 8:6–8

Cuando su mente está gobernada por el Espíritu de Dios, cuando piensa como santo, cuando tiene buenos pensamientos, cuando su mente no está controlada por su carne, y cuando medita en la Palabra de Dios, tendrá vida y paz. Usted no puede ser un cristiano mentalmente carnal esperando tener prosperidad y paz.

Los santos tienen mentalidad espiritual. Ellos son los devotos, los rectos. Ellos temen a Dios y se deleitan en sus mandatos. Portan los rasgos de la persona del Salmo 112, quien es recta e intransigente. ¿Podría decir que esto lo describe a usted? No significa que sea perfecto o que no cometa errores. Significa que su estilo de vida es santo y no pecaminoso. Los santos andan a un nivel de devoción que complace a Dios. No son mentirosos, borrachos ni mujeriegos. No maltratan a las personas. Viven según el Espíritu de Dios. El versículo de arriba dice que la gracia y la paz llegan a aquellos llamados a ser santos. Si usted es un santo, la prosperidad y *shalom* le pertenecen. Romanos 2:8–11 dice:

> Pero ira y enojo a los que son contenciosos y no obedecen a la verdad, sino que obedecen a la injusticia; tribulación y angustia sobre todo ser humano que hace lo malo, el judío primeramente y también el griego, pero gloria y honra y paz a todo el que hace lo bueno, al judío primeramente y también al griego; porque no hay acepción de personas para con Dios.

La obediencia, la rectitud y hacer buenas obras son nuestra parte del pacto al que debemos mantenernos fieles. Un pacto es un acuerdo de dos partes. Cuando hacemos nuestra parte, tenemos paz con Dios y Él hace que nuestros enemigos estén en paz con nosotros.

> Cuando los caminos del hombre son agradables a Jehová, aun a sus enemigos hace estar en paz con él.
> —PROVERBIOS 16:7

¿Qué se ha vuelto como un enemigo en su vida? ¿Contra qué ha venido el enemigo: triunfo, promoción, salud, relaciones, matrimonio, hijos o finanzas? Estas son áreas que el enemigo ataca para evitar que creamos que Dios quiere vernos felices, bendecidos y prósperos. Él nos aparta del camino con el pensamiento de que solamente merecemos vivir ajustados, que Dios está enojado con nosotros y que no deberíamos esperar ni más ni mejor. Él nos mantiene atados con la vergüenza, el rechazo, la confusión y la condenación. En algunos casos, hasta culpamos a Dios y nos resentimos con Él por las cosas que el enemigo ha hecho.

Sin embargo, estoy aquí para decirle que el evangelio de la paz es que Jesucristo vino y murió para que usted pudiera experimentar el *shalom* de Dios. El castigo, o precio, de nuestra paz fue sobre Él (Isaías 53:5). Él fue golpeado y crucificado para que usted pudiera tener paz. Si usted se somete al gobierno del Mesías, puede tener paz. Puede tener prosperidad. Puede vivir a salvo. Todas las bestias malvadas serán apartadas de su vida. No será atormentado por los demonios. Usted tendrá la bendición de Dios. Este es el pacto de paz, y le pertenece a los santos de Dios.

La religión nos ha condicionado a creer que la vida debería estar llena de problemas y que, un día, tarde o temprano, iremos al cielo y, entonces, tendremos paz. El pacto de la paz no es solamente para el cielo, sino también para el aquí y ahora sobre la tierra. Sus días no deberían estar llenos de problemas. Esto no significa que los problemas no llegarán, sino que significa que usted tiene la autoridad para enfrentarlos y decirles que se vayan. No tiene que llevar una vida de preocupación y ansiedad. La paz le pertenece. La prosperidad le pertenece.

El mundo entero está buscando la paz, pero solo hay un camino a la paz y es a través de Jesús. Él dice: "Yo soy el camino. Soy Jehová *Shalom*". Tener a Jesús en su corazón es el camino de paz, gozo duradero y vida abundante. Sin Jesús, no hay paz, bendición ni prosperidad. Pero usted tiene un pacto de paz con Dios. El pacto de Dios con su pueblo desde el principio hasta ahora es lo que se encuentra en el núcleo de la promesa del Salmo 112. Dios quiere revelarle esta promesa. Él desea bendecirlo como bendijo al hombre del Salmo 112. Él está allí como un ejemplo de la fidelidad de Dios que guarda su pacto.

DECLARACIONES PARA PAZ Y PROSPERIDAD

Shalom, prosperidad y paz me pertenecen a través de Jesucristo.

Soy un santo de Dios.

Soy un hijo de Dios.

Tengo un pacto con Dios.

Mi pacto es de paz, prosperidad y bendición.

Andaré en el pacto todos los días de mi vida.

Disfruto *shalom*, prosperidad, paz y seguridad todos los días de mi vida.

Andaré en el pacto.

Seré fiel al pacto a través de la sangre de Jesús.

Tengo un pacto de *shalom*, paz y prosperidad en mi vida.

Mi vida es buena y mis días son buenos porque refreno mi lengua del mal.

Odio el mal, hago el bien y voy en busca de la paz.

Comprometo mi vida a la paz y prosperidad.

Viviré en paz, andaré en paz y buscaré la paz.

Jesús es mi paz.

Soy una persona pacífica.

Dios es mi Jehová *Shalom*, mi prosperidad y mi paz.

Andaré en paz todos los días de mi vida.

Veré el bien, amaré la vida y tendré muchos días buenos.

Soy bendecido y próspero porque soy una persona pacífica.

DECLARACIONES PARA UNA VIDA FELIZ Y BENDECIDA

Soy feliz porque temo al Señor.

Soy feliz porque me deleito en la ley del Señor.

Soy feliz porque he encontrado sabiduría y entendimiento.

Soy feliz porque recibo la corrección de Dios. No desprecio su instrucción.

Soy feliz porque desprecio el pecado y tengo compasión por el pobre.

Soy feliz porque administro sabiamente y confío en el Señor.

Soy feliz porque mi hogar está lleno de hijos, tanto espirituales como naturales. Soy fructífero.

Soy feliz porque como y disfruto del fruto de mi trabajo. Todo está bien para mí.

Soy feliz porque mi Dios es el Señor.

Soy feliz porque mi ayuda es el Dios de Jacob. Mi esperanza está en el Señor.

Soy feliz porque obedezco la Palabra de Dios.

Soy feliz porque el Señor me ha salvado. Él es mi escudo y mi espada.

Capítulo 3

BENDICIÓN Y CRECIMIENTO GENERACIONAL

Su descendencia será poderosa en la tierra;
la generación de los rectos será bendita.
—SALMO 112:2

LA SANTIDAD EN la vida de una persona libera bendición sobre la siguiente generación y sobre todo lo que producen y crían. Cuando pensamos en generaciones y descendencia, no solamente necesitamos pensar en lo que Dios hará por nosotros en lo natural, sino que también podemos entender que Dios nos bendecirá espiritualmente en cada área de nuestra vida. Si queremos que nuestra semilla, tanto natural como spiritual, sea bendecida, necesitamos moldear nuestra vida para que sea como la del hombre en el Salmo 112.

La bendición de Dios trae crecimiento, abundancia y multiplicación a nuestra vida. Cuando pienso en este segundo aspecto de la promesa del Salmo 112, me viene a la mente otro versículo favorito en un salmo posterior, que dice: "Aumentará Jehová bendición sobre vosotros; sobre vosotros y sobre vuestros hijos" (Salmo 115:14).

Como creyentes que se esfuerzan por establecerse en Dios, podemos empezar a andar en esta promesa. Diga esto en voz alta: "El Señor aumentará bendición sobre mí y mis hijos". Esta promesa no aplica solamente a la gente con hijos físicos, sino que también representa todo a lo que le damos vida. Dios quiere hacerlo crecer. A este tipo de crecimiento lo llamo crecimiento exponencial que va de generación en generación.

La primera vez que el concepto de bendición aparece en la Biblia es cuando Dios bendijo al hombre y la mujer al momento de la creación y les dijo: "Fructificad y multiplicaos" (Génesis 1:28). Dios los bendijo. Ahora hay siete mil millones de personas en el planeta. ¿Por qué? Porque Dios bendijo a Adán y a Eva y les dijo que fueran fructíferos y se multiplicaran. Lo que Dios bendice, crece. Usted no puede tener la bendición de Dios y no crecer.

Aun después de que Adán y Eva cayeron y le abrieron la puerta al pecado y todo tipo de maldad, rompiendo el pacto con Dios, aun así, Él encontró la manera de bendecir y hacer crecer a su pueblo. Deuteronomio 30 habla de las bendiciones que vienen cuando volvemos al pacto de Dios y guardamos sus mandamientos. Él promete:

> Y te convirtieres a Jehová tu Dios, y obedecieres a su voz conforme a todo lo que yo te mando hoy, tú y tus hijos, con todo tu corazón

y con toda tu alma…y te hará volver Jehová tu
Dios a la tierra que heredaron tus padres, y será
tuya. Y te hará Jehová tu Dios abundar en toda
obra de tus manos, en el fruto de tu vientre, en
el fruto de tu bestia, y en el fruto de tu tierra,
para bien.

—DEUTERONOMIO 30:2–9

La bendición de Dios se aplica a todo lo que hacemos
crecer, desde los hijos hasta el trabajo de nuestras manos.
Este versículo, y los versículos en el Salmo 112 y 115 se es-
cribieron en el contexto del pacto de Dios con la casa de
Israel. Dios es un Dios de pacto. Todo lo que ha hecho
por su pueblo es por estipulación del pacto que estableció en la fundación del mundo. El pacto de bendición
de Dios es un hilo que podemos seguir desde Génesis
hasta Apocalipsis. Esto significa que Israel es más que
solo un grupo de gente con el que Dios hizo un pacto en
el monte Sinaí. Ellos son la continuación del esfuerzo de
Dios por bendecir a sus hijos. Israel, además, es un tipo o
representación del Cuerpo de Cristo.

Ahora bien, es obvio que Israel se reveló y nosotros
también. Sin embargo, Jesús vino a redimirnos a todos.
Y, a través de Él, ahora tenemos acceso a todas las bendiciones de Israel. Hemos sido incluidos en la semilla de
Israel por estipulación del Nuevo Pacto. Las promesas

de crecimiento y multiplicación exponencial son para nosotros y nuestros hijos, si estamos dispuestos, firmes, establecidos en Dios y somos obedientes a Él. El crecimiento se extiende a todo el reino de Dios. Es un concepto del reino. Hasta el reino de Dios crece de generación en generación eternamente. (Vea Isaías 9:7.)

DIOS ES UN DIOS DE CRECIMIENTO

Repito, siempre que hay bendición, hay crecimiento. Es necesario que usted piense así. Libérese de la mentalidad pequeña. Reciba una mentalidad de crecimiento. El crecimiento, aumento y expansión es lo que le interesa a Dios. Tenemos que empezar a buscar el crecimiento que acompaña a la bendición de Dios. Pensar solamente "mientras vaya al cielo…" no es pensar exponencialmente. Ese no es el reino. Ese no es Dios. Esa es la mentalidad que debemos romper. Si usted no puede entender el crecimiento, no puede entender a Dios.

Recuerdo que hace años, cuando empecé a predicar, solía hacerlo en las calles. Yo fui salvo en una reunión al aire libre. Así que iba a las calles, llevaba mi micrófono, predicaba y regalaba tratados. Teníamos un pequeño equipo: mi esposa, y algunos otros. Ellos entregaban los tratados, y yo me quedaba fuera del grupo, en una esquina, predicando. No esperé hasta tener un púlpito. Vi que tenía una gran plataforma allí afuera. La gente se detenía, nosotros les dábamos tratados y luego, los guiábamos al Señor.

Nunca lo olvidaré: había otro hombre predicando allí. Él era uno de esos predicadores legalistas. Desde su punto de vista, todos iban a irse al infierno, incluyendo a aquellos que estaban en la iglesia. Él decía que conocía iglesias en el área que no estaban predicando la verdad, porque si lo hicieran, no estarían tan repletas. Él creía que predicar la verdad ahuyentaría a las personas. Tenía la mentalidad limitada y pequeña de que, si usted tenía crecimiento, no podría estar predicando la verdad. Él veía la verdad como algo que enojaría a la gente y la ahuyentaría. Él veía eso como algo santo y bueno. Tener menos significaba que su iglesia era el pilar en el terreno de la verdad y que era la única iglesia verdadera. Él podía haber pensado: "Somos nosotros cuatro y nada más. Somos los únicos que vamos a ir al cielo. Los vestidos de nuestras damas tienen el largo correcto y ellas no usan pantalones. Ellas no usan maquillaje ni joyas. Nosotros no masticamos tabaco, ni fumamos, ni bebemos, ni vamos al cine. No nos divertimos. Todo lo que hacemos es ir a la iglesia, alzar nuestra voz, danzar y esperar a que el Señor venga; y ¡Él viene pronto!".

Este predicador siempre estaba a la vuelta de la esquina, predicando: "El tiempo se acaba. Estamos viviendo los últimos días malos. Se está poniendo cada vez peor. El diablo está tomando control y los demonios gobiernan la tierra. Está empeorando. Hay guerras y rumores de guerras. Suceden terremotos y sunamis. Se está poniendo mal".

Él no creía en el crecimiento debido a su mentalidad, todo terminaría en unos pocos meses de todas maneras. Él no creía en que la gente sería salva ni en multitudes de creyentes pudieran tener un crecimiento financiero, influencia y prosperidad. Él no podía ver que tenemos la promesa de que creceremos en poder y en la gloria de Dios. Él no esperaba eso. Él veía que el poder y la influencia de Dios iban a disminuir, y que el diablo iba a tomar el control.

Cuando los que tienen este patrón de pensamiento ven crecimiento, dicen: "Ese no puede ser Dios". Ellos no tienen una mentalidad de crecimiento. Su espíritu ni siquiera cree en el crecimiento. Cuando el crecimiento llega, se ponen nerviosos. No lo pueden soportar. Es demasiado. Así que, para que estemos preparados para recibir el crecimiento, Dios tiene que hacer algo dentro de nosotros. Tiene que romper los patrones de pensamiento limitados y pequeños. Él tiene que darnos la mentalidad del reino. Hablamos de bendiciones, pero con las bendiciones viene crecimiento.

¿TIENE ESPACIO PARA MÁS?

Tal como vemos con el hombre estable del Salmo 112, Dios le dará tanto crecimiento que no tendrá espacio suficiente para recibirlo. (Vea Malaquías 3:10.) La pregunta es, ¿su espacio es muy pequeño? ¿Necesita hacer espacio para la bendición de Dios rompiendo la mentalidad religiosa que le dice que no debería tener tanto? Isaías 54:2–3 dice:

> Ensancha el sitio de tu tienda, y las cortinas de tus habitaciones sean extendidas; no seas escasa; alarga tus cuerdas, y refuerza tus estacas. Porque te extenderás a la mano derecha y a la mano izquierda; y tu descendencia heredará naciones, y habitará las ciudades asoladas.

Dios quiere hacer más por usted y sus descendientes. Él puede hacer más de lo que usted pueda pedir o imaginar (Efesios 3:20); sin embargo, tiene que hacer espacio.

Lo que esté pensando en este momento, Dios quiere hacer más que eso. Si Él quiere hacer más, ¿por qué impedírselo? ¿Por qué disminuiría usted la bendición de Dios? Necesitamos librarnos de este pensamiento limitado y estar satisfechos y agradecidos por lo que Dios nos da; y Él da en abundancia.

Recuerdo que hace años asistí a un servicio donde

alguien se puso de pie y predicó contra la prosperidad, diciendo: "Si Dios quisiera que fuera rico, usted habría nacido rico". Ese es el patrón de pensamiento que muchos de nosotros tenemos, ya sea que nos demos cuenta o no. Tenemos que atacar este patrón de pensamiento.

BENDECIDO PARA SER DE BENDICIÓN

Cuando se trata de hacer espacio para el crecimiento que Dios da, no estoy hablando de avaricia ni codicia. No hablo de obtener todo y acumularlo. No estamos hablando de egoísmo. Hablamos de ser bendecidos para ser de bendición. Como veremos en los últimos versículos, el hombre del Salmo 112 y sus generaciones son bendecidas porque él es generoso y da al pobre. Él no guarda todos sus bienes y riquezas para sí.

Así como Dios le dijo a Abraham: "Y haré de ti una nación grande, y te bendeciré, y engrandeceré tu nombre, y serás bendición. Bendeciré a los que te bendijeren, y a los que te maldijeren maldeciré; y serán benditas en ti todas las familias de la tierra" (Génesis 12:2–3). Él nos lo dice a nosotros. La bendición que recibimos como simiente de Abraham, Dios la diseñó para bendecir al mundo entero. Dios nos ha llamado y nos ha dado vida, luz, revelación y entendimiento. Debemos tomar esos dones para ser luz a las naciones.

El pacto que tenemos con Dios es de paz, prosperidad, bendición, liberación y crecimiento. La fidelidad de Dios hacia su pacto significa que Él nos dará crecimiento y nos hará grandes, Él dice: "vendrán sobre ti todas estas bendiciones, y te alcanzarán, si oyeres la voz de Jehová tu Dios" (Deuteronomio 28:2). Él hará de nosotros la cabeza y no la cola. Seremos bendecidos en nuestra entrada y bendecidos en nuestra salida. Seremos bendecidos en la ciudad y en el campo. ¿Por qué? Él dice: "Porque ustedes son mis representantes". "Cuando las naciones vean lo que he hecho con ustedes, vendrán corriendo y dirán: 'Quien sea tu Dios, yo quiero servirle. ¿Cuál es tu secreto?'".

Los que son bendecidos comparten sus secretos. Ellos duplican sus esfuerzos y filosofías. Comparten lo que tienen porque saben que la generosidad es el secreto para prosperar. Compartiré más sobre el tema más adelante en otro capítulo. Sin embargo, a fin de ver cómo el cumplir su parte de la promesa del Salmo 112 trae bendición para las personas y cosas que usted desarrolla tanto física como espiritualmente, diré lo siguiente: compartir lo que tiene con los demás es vital para ver crecimiento en cada área de su vida.

Usted ve a los adinerados compartir la manera en que llegaron a donde están, ya sea que lo vea por un programa de entrevistas en televisión, por un libro, etc. Usted ve que están dispuestos a hacerlo. Es muy difícil mantener las bendiciones en secreto.

Cuando usted ve a alguien que le está yendo bien, no le gustaría aprovechar la oportunidad para preguntarle, ¿cuál es su secreto? Enséñeme. Capacíteme". La Biblia nos instruye a que también lo hagamos cuando se trate de los caminos de Dios. Piense en lo siguiente: Si tuviera una hora para conversar con Salomón, ¿qué le preguntaría? Espero que no le vaya a preguntar algo como, "¿qué se siente tener setecientas esposas?". En ese punto él era inestable y andaba caído, pero encuéntrese con Salomón un mejor día y él le habría dado un consejo especial sobre riquezas, éxito y tomar buenas decisiones, pues Dios le dio la sabiduría para llegar a un lugar de influencia y grandeza. Su padre, el rey David, era un hombre como el del Salmo 112, y podemos ver que Dios bendijo a Salomón, la simiente de David, y le hizo crecer más que cualquier otro rey en la Biblia.

Si tuviera la oportunidad de conversar con la gente más pudiente de su tiempo, Warren Buffett o Bill Gates, por ejemplo; ¿qué les preguntaría? No desperdiciaría su tiempo preguntándoles cuál es su color favorito, o si les gusta el pez gato o la perca. No, probablemente trataría de entender cuál es la clave de su gran éxito.

Cuando Dios bendice a alguien, Él los eleva. Los usa como modelo para que quienes aún están creciendo y aprendiendo puedan decir: "Allí está una persona" o "Allí está un grupo. ¿Cuál es su clave? ¿Por qué son tan bendecidos?".

Esto es lo que Dios quiere hacer con nosotros y nuestra simiente. Él quiere multiplicarnos porque eso atrae a la gente. Nos convertimos en una bendición para los demás cuando les damos sabiduría, conocimiento y comprensión. Nos volvemos representantes del amor, la bendición y el favor de Dios. Llegamos a ser un testimonio de que lo que Dios puede hacer por nosotros, lo hará por los demás.

Aquí es donde la multiplicación supera la genealogía natural. Es donde incluso nuestras generaciones naturales se expanden al ámbito espiritual, y nuestra productividad atrae hijos de todo el mundo, de cada nación, cultura, idioma y pueblo. Por eso, este aspecto de la promesa del Salmo 112 puede aplicarse a aquellos que no tienen hijos biológicos. Aquellos que no están casados pueden tener hijos espirituales y una descendencia a quienes el Señor hará crecer. Debemos apartarnos de la mentalidad que limita nuestro pensamiento aun sobre este asunto.

Dios le está diciendo que se prepare, que ensanche el lugar de sus tiendas, porque sus hijos están a punto de multiplicarse debido a la bendición de Dios en su vida.

NO LIMITE EL ACCESO DE LAS PERSONAS AL CRECIMIENTO

Cuando compartimos a través del testimonio, la mentoría, o incluso cuando respondemos preguntas sencillas sobre cómo llegamos a donde estamos, nuestra bendición y crecimiento se convierte en un mensaje universal que podemos compartir con el mundo: desde África hasta el Caribe. Recuerdo cuando fui a ministrar a Sudán. Cuando pregunté de qué debía hablar, los misioneros anfitriones me dijeron que simplemente les enseñara a amar a su prójimo. En vez de eso, prediqué sobre el Espíritu Santo. El poder de Dios cayó y la gente fue llena y empezó a hablar en lenguas. Fue maravilloso, pero los misioneros se habían ido de las instalaciones atemorizados por lo que había sucedido.

Después de la reunión y de camino a nuestro hospedaje, pude entender que los misioneros no pensaban que la enseñanza fuera tan completa como lo fue. Ellos pensaron que solo un poquito de Dios era suficiente para el pueblo. Después de todo, ellos eran solo "paganos", solo africanos.

Llegué con una mentalidad diferente y quería entregar todo lo que Dios me había dado para ellos. La bendición del Espíritu Santo no era demasiado pues tenían espacio para recibirla.

El color de la piel de la persona, su nacionalidad o etnicidad, o su trasfondo familiar no importan; Dios puede levantarla. Cuando Dios le da algo para impartir, como: bendiciones, sabiduría o revelación, no lo oculte de quienes necesitan lo que usted tiene. Nunca piense que usted está más alto que todos los demás, que ellos no podrán soportar el crecimiento que el Señor está a punto de darles por medio suyo.

Nos hemos aferrado a todo tipo de tradiciones que nos dicen que Dios no quiere impartirnos a nosotros, o a gente a la que fuimos enviados, bendiciones para que tengan la plenitud de su bendición. Limitamos sus expectativas de Dios al enseñarles que tener solo lo escasamente suficiente de su Espíritu y de lo que Él brinda es todo lo que Dios quiere para ellos. Enséñeles la verdad. La tradición hará que la Palabra de Dios sea nula. Sin embargo, darles a las personas correctas, en el momento justo, lo que Dios le ha dado a usted es la manera en que pasamos el crecimiento y la bendición de generación en generación.

Dios no querría llenarlo hasta rebosar si no quisiera que usted lo derramara en la vida de los demás. La Biblia dice que Dios "se deleita en el bienestar de su siervo" (Salmo 35:27, NVI). Si no fuera cierto, ¿por qué levantó a Salomón? ¿Por qué levantó a David? ¿Por qué respondió sus peticiones de éxito y prosperidad? ¿Por qué les dio sabiduría y favor? ¿Por qué vemos, desde la creación hasta este preciso momento, el hilo del deseo de Dios de bendecir y dar incremento para nosotros y nuestros hijos? ¿Por qué Dios respondió la oración de Jabes?

Jabes se menciona en la Biblia solo para que podamos ver el poder de la oración de crecimiento y el deseo de Dios de responderla. La Biblia dice:

> Y Jabes fue más ilustre que sus hermanos, al cual su madre llamó Jabes, diciendo: Por cuanto lo di a luz en dolor. E invocó Jabes al Dios de Israel, diciendo: ¡Oh, si me dieras bendición, y ensancharas mi territorio, y si tu mano estuviera conmigo, y me libraras de mal, para que no me dañe! Y le otorgó Dios lo que pidió.
>
> —1 Crónicas 4:9–10

Es todo. Esto es todo lo que hemos escuchado de Jabes. Él era honorable (una característica de un hombre estable, firme y resuelto), oró pidiendo bendición y crecimiento, y Dios se lo concedió.

Debemos romper con esa mentalidad de que solo porque somos salvos, aunque no veamos crecimiento, Dios está satisfecho. ¿Usted cree que Dios está complacido cuando no hay crecimiento en su vida? ¿Cree que Él está contento cuando usted no crece en conocimiento, sabiduría, entendimiento y revelación? ¿Cree que Dios está complacido cuando no crece en poder y en amor? ¿Cuando no hay crecimiento en la fe? ¿Cuando se queda en el mismo nivel toda su vida? ¿Cree que eso complace a Dios? No.

Usted debería estar creciendo en amor, fe, poder, revelación y entendimiento. Su adoración debería estar incrementando. Su oración debería incrementar. Su ministerio debería crecer. Sus finanzas deberían incrementar. Sus relaciones deberían crecer. Su vida siempre debería estar tocando más personas.

¿Cree que Dios está satisfecho cuando nos quedamos en el mismo nivel y no crecemos nunca? ¿Cree que Dios se complace cuando disminuimos? No, no lo está. Dios es un Dios de crecimiento. Él se complace cuando nosotros crecemos. Dios se complace en darnos crecimiento. Así que, su plan es: "El Señor aumentará bendición sobre ustedes; sobre ustedes y sobre los hijos de ustedes" (Salmo 115:14, rva-2015), y "su descendencia será poderosa" (vea Salmo 112:2). Lo que salga de usted, Dios lo incrementará. Será poderoso (fuerte, recto, valiente) y bendecido.[1]

SUS HIJOS E HIJAS CRECERÁN

Dios quiere hacer crecer a sus hijos e hijas; no solo en su riqueza física, emocional y espiritual. Él quiere incrementarlos en número. Vuelva a ver el Salmo 112:2. Dice: "Su descendencia será poderosa en la tierra". Ahora vea nuevamente Isaías 54:1: "Regocíjate, oh estéril, la que no daba a luz; levanta canción y da voces de júbilo, la que nunca estuvo de parto; porque más son los hijos de la desamparada que los de la casada".

El Señor nos ha redimido. Éramos como la mujer estéril, incapaces de tener un hijo o simiente; no podíamos producir, multiplicarnos o ser fructíferos hasta que estuvimos bajo la bendición de Dios. Al volver a nuestro pacto con Dios, Él dice que nos dará aún más de lo que tienen los que han sido fieles. Dios quiere redimir el tiempo que estuvimos en desolación y restaurarnos rápida y abundantemente.

Él quiere que usted tenga más hijos e hijas. Posiblemente tenga algunos en este momento, pero tendrá hijos e hijas en todo el mundo. Esto se trata de la bendición de Dios liberada a todas las naciones de la tierra. Ahora que los negocios y el ministerio se vuelven mundiales, será muy fácil para usted influenciar a alguien en Asia o en América del Sur y enseñarles los caminos de Dios, desarrollándolo para que espere que Dios haga más por él o ella, o que ellos le enseñen a usted y lo levanten.

Quizá esté leyendo este libro y no tiene hijos propios. Tal vez sea un voluntario con los jóvenes de su iglesia. Podría ser que dirija una organización no lucrativa que opera en su comunidad. Quizá sea parte de un grupo de trabajo. Todos aquellos a quienes está asignado están recibiendo impartición de la bendición de Dios a través de usted. Así es como crece y se multiplica.

CUANDO USTED CRECE, ELLOS CRECEN

Dios quiere darle la capacidad para manejar más hijos e hijas. Cuando usted permanece recto y fiel a Dios, Él no lo dejará en el mismo nivel. Él lo ha marcado a usted para un crecimiento exponencial. Es una ley del reino que, a su debido momento, usted recogerá una cosecha de bendición si no se cansa en hacer el bien. La versión Palabra de Dios para Todos dice: "Si no nos rendimos, tendremos una buena cosecha en el momento apropiado" (Gálatas 6:9, PDT). Esta es la clave para la promesa del Salmo 112, tal como lo descubriremos más tarde, la rectitud del hombre estable continúa o dura eternamente. Él no se cansa de hacer lo correcto.

Si puede ver su vida en retrospectiva y mira que Dios le ha ayudado a mantenerse firme a Él y a su Palabra, debería poder ver que Él ha estado haciéndolo crecer consistentemente a usted y a todo lo que le concierne.

Usted no se encuentra donde estaba hace cinco años. Ha exhibido un nivel de innovación que lo mantiene progresando, que continúa haciéndolo mejor, más fuerte y más abundante. Usted no está viviendo en el pasado. Está creciendo. Ahora sabe cosas que no supo antes. Ha crecido y aumentado en entendimiento. Su adoración y conocimiento de Dios ha incrementado. Su nivel de discernimiento en el ministerio a los demás ha aumentado. Su nivel de expresión profética y capacidad para escuchar a Dios y hablar por Él ha crecido.

Como resultado, todo y todos los que le rodean se han beneficiado. Sus hijos, tanto naturales como espirituales, se han vuelto poderosos y exitosos en las cosas que hacen en la escuela, el trabajo y el hogar. Su matrimonio y otras relaciones de pacto están creciendo porque usted crece en amor, bondad y edificación. La bendición y el favor del Señor ha venido sobre su empleador porque usted está allí compartiendo generosamente sus dones y talentos y trabaja como para el Señor. La gente y los grupos de personas a quienes ministra están creciendo porque usted comparte las revelaciones que recibe del Señor y los secretos de su éxito.

El Señor le ha aumentado a usted; por lo tanto, ellos reciben incremento. No es suficiente que solo usted incremente; Él quiere desatar bendiciones exponenciales, es decir, bendiciones que están conectadas a su fidelidad y rectitud, pero que se filtran y extienden hacia todo en lo que usted ha invertido. Por demostración, usted es una expresión del reino de Dios. El reino no se queda al mismo nivel. Continúa moviéndose y progresando en cada nivel, al igual que usted.

ROMPA EL DESEO DE SOLO MANTENERSE

Lo que acabo de describir es una imagen del plan de Dios para lo que debería ser la vida de un creyente firme y decidido. No se trata de perfección. Si usted ve la vida del rey David y del rey Salomón, podrá identificar las muchas veces que fallaron. Hacer valer su derecho a la promesa del Salmo 112 va por encima de confiar en su propia perfección; se trata de confiar en una perspectiva precisa de quien Dios es. Se trata tanto de la mentalidad y el entendimiento como de las acciones que lleva a cabo como resultado de este conocimiento. Si hay algún área en su vida donde se sienta estancado (y no hablo de las veces cuando el enemigo ataca o usted está en una temporada de lucha; todos las tenemos), pero si usted lucha con patrones de pensamiento y mentalidades antiguas que lo retienen, donde no ve crecimiento, productividad y crecimiento, usted necesita un cambio de pensamiento. Eso es el arrepentimiento. El arrepentimiento lo lleva a admitir sus faltas y a buscar al Señor para que lo liberte a fin de que su vida pueda producir y ser fructífera.

Sé que hay momentos en la vida de un creyente cuando el enemigo parece haber venido como una inundación.

Sus defensas están bajas. Las puertas han sido arrancadas y sus ciudades desoladas. En este punto, él o ella solamente tratan de mantenerse para evitar perderlo todo. El crecimiento no está en su mente. Necesita ser liberado de las mentalidades limitantes y equivocadas.

Luego, está el otro tipo de limitación que viene de la fatiga en la lucha. A medida que usted crece, opone resistencia a los principados, poderes y gobernadores de las tinieblas, quienes no quieren ver que el reino o su gente avance. Si usted ha sido un creyente durante un tiempo, posiblemente ha sido libertado de sus días como no creyente; sin embargo, ahora, usted podría necesitar ser libertado de una mentalidad que sencillamente quiere que se quede allí donde está. Usted solamente quiere mantenerse en su empleo. Ser promovido ni siquiera está entre sus expectativas. Usted no quiere lidiar con el esfuerzo que acompaña al crecimiento. Está cansado de pelear, luchar y abrir brecha.

A veces, no queremos el incremento de responsabilidad que acompaña a un territorio más grande. Es cierto: mientras más recibimos, más responsabilidad tenemos. No podemos crecer y tener el mismo nivel de responsabilidad.

Yo también he estado allí, donde estaba en un modo de mantenimiento. Solamente quería ponerlo en regulador de velocidad. Relajado. Tomarlo despacio.

Retirarme. No incrementar. No crecer. Muchas veces, he estado allí en mi ministerio. Dije: "Miren, estoy cansado. Los miembros de la congregación se me acercaban y decían: "Bueno, pastor, necesitamos hacer esto". Yo pensaba dentro mí: "Yo no voy a hacer nada. Déjenme en paz. Estoy cansado. Solo trato de mantener esto aquí. Solo trato de mantenerme estable". Pero, entonces, Dios me retaba y tenía que arrepentirme. Tenía que pensar en el destino que Dios me dio. Recuerdo decir: "Dios, yo no soy así. Soy un pionero. Soy un apóstol. No puedo estar solo en mantenimiento".

He ido a las naciones. He estado en televisión. He escrito libros. Más de un millón de copias de mis libros están impresas en varios idiomas en todo el mundo. Pero Dios dijo: "No, no te detengas. Crece. Quiero hacerte crecer más y más". Fui desafiado y provocado a la acción.

Es mi oración que usted esté siendo recargado y desafiado en esta área. Es momento de que todos nosotros crezcamos y vayamos a otro nivel de poder, influencia, autoridad, favor, gracia y bendición. Es momento de crecer: usted y sus hijos, usted y su simiente espiritual.

LOS QUE NO PUEDEN MANEJAR EL CRECIMIENTO: NO SON SUS HIJOS

Algunos de los que le rodean están interesados en usted solo si mantiene cierto nivel. Ellos no podrán manejar ese siguiente nivel al que Dios lo está llevando. Algunas personas no soportan el crecimiento. Cuando Dios empieza a bendecir su vida, a ellos les da envidia. Esos no son hijos suyos; no son su fruto. Su mentalidad llena de temor hará que rechacen la sabiduría de Dios que los ayudaría a vivir en crecimiento exponencial.

Yo también he tenido personas así en mi vida. Unos dirían: "Sí, recuerdo cuando no teníamos nada". Luego, otros dirían: "Eckhardt, sí, yo recuerdo a Eckhardt. Solía trabajar allá por la calle treinta y nueve. Conozco a Johnny. Sí, él cree que ya es alguien". No, yo sé que soy alguien. Alguien en Dios. No pienso que lo sea; lo sé. Ellos dirán: "Él nos dejó". Por supuesto que lo hice.

Podemos ser de bendición para los demás en la medida que ellos nos lo permitan. Si ellos rechazan a Dios, no están listos para acompañarnos al siguiente nivel, y no podemos quedarnos con ellos. Así le pasó a Jacob cuando se estaba preparando para irse después de haber trabajado en la casa de su tío Labán durante catorce años. (Vea Génesis 31.) Labán sabía que Jacob tenía la bendición de Dios en su vida, y trató de retener a Jacob porque todo lo que Jacob tocaba incrementaba. Jacob tuvo que salir a escondidas porque Labán no lo quería dejar ir. Cuando Labán y sus hombres fueron tras él, el Señor le advirtió a Labán que lo dejara en paz. Jacob y Labán fueron por rutas distintas después de hacer un tratado de paz.

José fue otro que crecía consistentemente y se volvió el foco de la envidia y el odio de sus propios hermanos. Aun después de haber sido vendido como esclavo de otro pueblo, José prosperaba. Durante toda su vida tuvo enemigos. Sin embargo, no importaba cuánto trataban de acabarlo, encerrarlo o encarcelarlo, ellos no podían detenerlo.

Cuando el crecimiento y el favor están en su vida, lo que la gente trate de hacer para detenerlo no marca ninguna diferencia. El hombre no puede maldecir lo que Dios ha bendecido. No importa lo que otros digan o hagan, no pueden impedir su crecimiento e incremento.

Hay una unción que viene para crecimiento, una unción de explosión y expansión exponencial. Usted está a punto de salir de ese lugar angosto. Ese lugar es demasiado pequeño para usted. Usted va a surgir a la derecha y a la izquierda. Su simiente va a heredar de los gentiles. Hay algo nuevo que viene sobre usted. Tendrá que añadir más espacio para ser bendecido, porque Dios ordena ahora incremento en su vida. Deje que Dios le haga entrar a un nuevo nivel de crecimiento. Ya es hora. Se ha mantenido por mucho tiempo. Es el momento de que crezca y vaya a otro nivel de poder, influencia, autoridad, favor, gracia y bendición.

DECLARACIONES PARA BENDICIÓN Y CRECIMIENTO GENERACIONAL

Señor, declaro que mis hijos, mi simiente —tanto natural como espiritual— es poderosa, fuerte y exitosa en la tierra. Mis generaciones son bendecidas y están en crecimiento continuo.

Señor, hago espacio para el incremento. Creo que tú te complaces en mi prosperidad. Rompo todo patrón de pensamiento y mentalidad que me haga pensar que tú quieres que yo solamente tenga lo suficiente. Eres el Dios del crecimiento y el Dios de más que suficiente.

Rompo con cualquier patrón de pensamiento y mentalidad tradicional y religiosa que están para estropear deliberadamente el incremento de tu favor y bendición sobre mi vida.

Haz crecer todo lo que toque.

Ensánchame y permite que crezca en toda área.

Permite que mis hijos incrementen. No permitas que nos quedemos al mismo nivel. Señor, quiero tu bendición en mi vida.

Rompo con toda limitación.

Rompo con el demonio de disminución, en el nombre de Jesús.

Oro por crecimiento exponencial. Pido más: más hijos, más hijas, más descendientes, más espacio, más bendición, más favor, más gracia y más finanzas.

Confieso y decreto incremento en cada área de mi vida: sabiduría, revelación, conocimiento, amor, poder y unción, en el nombre de Jesús.

Oro por un incremento de finanzas, influencia, poder, capacidad y gracia para mí y mi descendencia.

Declaro que creceré este año, el próximo y los venideros. Mi ministerio crecerá. Mi negocio crecerá. Mi adoración y mi generosidad incrementará. Mi nación crecerá. Mi territorio se ensanchará. Más y más y más.

Capítulo 4

ABUNDANCIA

*Bienes y riquezas hay en su casa, y su
justicia permanece para siempre.*
—SALMO 112:3

LA PERSONA DEL Salmo 112 es financieramente
próspera. Tiene más que suficiente. No lucha consistentemente con tener apenas lo suficiente para salir adelante.
Vive en la bendición del Señor. La Biblia dice en Proverbios 10:22: "La bendición de Jehová es la que enriquece,
y no añade tristeza con ella". Cuando lee el Salmo 112,
recibe información del carácter y el corazón de esta persona. Nos ayuda a responder estas preguntas: ¿Por qué es
bendecido? ¿Por qué son bendecidos sus hijos? ¿Por qué
anda en tal nivel de bendición? ¿Es por accidente? ¿Eso
es para unos pocos suertudos y no para los demás? ¿O
hay algo acerca del corazón de esta persona que hace que
prospere?

El secreto es que este hombre sabe a quién sirve. Él
sirve a El Shaddai, el Dios de la abundancia. Tal como
descubrimos en el capítulo anterior, Dios quiere hacernos

crecer hasta rebosar de su Espíritu y sus bendiciones ilimitadas. Esto incluye la abundancia financiera, lo que el Salmo 112:3 llama: bienes y riquezas. La traducción de la palabra hebrea *bienes* es "posesiones, riquezas, substancias"; "suficiente, suficiencia".[1] Significa "poseer riquezas", "estar en una posición de comodidad".[2] Riquezas viene de la palabra hebrea que significa "acumular", "prosperar", "ser feliz", "enriquecer".[3] En estas traducciones y definiciones encontramos que ambas palabras hablan de posesiones materiales, recursos o provisión. Tener bienes y riquezas es tener posesiones materiales en abundancia "estar en una posición de comodidad".

Muchos de nosotros nos sentimos incómodos cuando escuchamos a alguien decir que la bendición de Dios incluye bendición material y avance financiero. Sin embargo, según la International Standard Bible Encyclopedia, "la posesión de riqueza no se consideraba pecaminosa, sino, por el contrario, se le veía como una señal de la bendición de Dios (Eclesiastés 5:19; 6:2)".[4] De manera que no hay nada de lo que deba sentirse incómodo respecto a si tiene riquezas y permanece en Cristo. Existe cierto tipo de pecados a los que la gente rica puede ser vulnerable, como fue el caso del joven gobernador rico en Lucas 18:22–23. El orgullo es la trampa más común para la gente con recursos considerables (1 Timoteo 6:17), pero también "la opresión al pobre (Santiago 2:6); egoísmo

(Lucas 12 y 16); falta de honestidad (Lucas 19:1–10); arrogancia (Proverbios 28:11); confianza en la riqueza (Proverbios 18:11)".[5]

Sin embargo, podemos usar sabiamente la riqueza y llevar gloria y honra al nombre del Señor. Esto es lo que vemos en la vida del hombre del Salmo 112. Cuando vivimos en santidad, rectitud, establecidos en Dios, fiel, obediente, generosa y sabiamente, nuestra riqueza complace a Dios y es una señal de su bendición en nuestra vida.

Por eso, tenemos que estar conscientes de la segunda parte de esta promesa: "...su justicia permanece para siempre". Profundizaremos en esto más adelante, pero lo que quiero aclarar es que esta nos es una enseñanza superficial de prosperidad. No es el tipo de enseñanza que le dirá que todo lo que usted tiene que hacer es tener fe suficiente, hablarlo y declararlo, y que Dios lo bendecirá. Eso es solo una parte. La otra parte se trata de lo que usted tiene que hacer y cómo debe vivir. La fe sin obras es muerta (Santiago 2:17). Dios nos da sabiduría, favor, bendición, oportunidad y poder divino para que podamos obtener riqueza (Deuteronomio 8:18). Nuestra adquisición de riqueza confirma el pacto de Dios con nosotros. Así que nosotros jugamos una parte grande en ver la bendición del Señor manifestarse en nuestra vida; y empieza con nuestro patrón de pensamiento.

Como ya dije, nuestra mente necesita renovarse

y nuestras expectativas elevarse para lo que Dios ha planeado para nosotros. Tenemos que dejar de creer que la riqueza y la abundancia son algo malo que Dios no quiere que tengamos. Cuando malinterpretamos versículos como: "raíz de todos los males es el amor al dinero" (1 Timoteo 6:10), tiramos los frutos buenos con los que están podridos. Este versículo no se trata de quedarse pobre y necesitado para volverse santo. Este versículo trata sobre idolatría y codicia o lujuria. La idolatría y la lujuria por el dinero se colocan en el lugar de Dios como nuestro proveedor, lo que abre la puerta a todo tipo de males como el egoísmo y la avaricia. Aquí es donde muchos de nosotros hemos sido entrenados a dejar de preocuparnos por entender la riqueza. Lo ponemos todo bajo una misma categoría "maligno" y algo que Dios no quiere para nosotros.

Debemos orar pidiendo liberación en esta área, y esta es la dirección que siento que el Señor quiere que tome en estos primeros capítulos. Antes de que podamos recibir todos los beneficios de la promesa del Salmo 112, necesitamos estar en posición para recibirlos y prolongarlos.

Los bienes y las riquezas son parte del pacto de bendición de Dios. Son parte de su plan para quienes lo aman y obedecen. Sus planes son de bien y no de mal. Él planea prosperarnos y llevarnos a un fin esperado (Jeremías 29:11). Debemos comprender y recibir la verdad de que hay beneficios verdaderos al andar rectamente y en la sabiduría de Dios. Nos toca a nosotros quitarle las limitaciones a Dios y darnos cuenta de que su bendición invadirá cada área de nuestra vida. ¿Por qué Dios nos haría crecer en cada área excepto la financiera? No hay excepciones cuando se trata de las áreas que Dios bendecirá. Cualquier tipo de excepción es creada por el ser humano y es una manifestación de nuestras propias limitaciones de lo que Dios hará.

Para que recibamos la promesa del Salmo 112, necesitamos ser libertados para creer en un Dios ilimitado, quien nos bendecirá abundantemente.

DIOS ABORRECE LAS LIMITACIONES

El Señor puso en mi espíritu este mensaje sobre ser ilimitado y romper limitaciones mientras meditaba en las características y mentalidad de la persona del Salmo 112. Él no tenía inconveniente con vivir rectamente y ser bendecido. No tenía problema con su fe. Él vio que mientras él se mantuviera fiel, aun en tiempos difíciles, Dios sería fiel a su pacto. Sin embargo, muchos de nosotros limitamos a Dios sin saberlo. Hay momentos, cuando enfrentamos retos en la vida, en que nos olvidamos de la magnitud de su poder. El Salmo 78:41–43, dice:

Y volvían, y tentaban a Dios, y ponían límite
al Santo de Israel. No se acordaron de su mano,
Del día que los redimió de angustia; cuando
puso en Egipto sus señales, Y sus maravillas en
el campo de Zoán. (RVA)

Mientras estudiaba este pasaje de la Escritura nuevamente después de muchas veces anteriores, noté algo interesante. El pueblo de Israel no solo limitó a Dios, sino que Dios no estaba complacido con que lo limitaran. Limitar a Dios impedirá que reciba todo lo que Dios quiere para usted, y eso le molesta a Él. Lo entristece y hace que se enoje. Cuando usted limita a Dios, básicamente dice: "Dios, no confío en que puedas ir más allá de cierta barrera o cierto límite. No creo que puedas realmente llevarme más allá de donde estoy o he estado". Este tipo de pensamiento insulta a Dios, porque Él es todopoderoso. Dios es capaz de hacer todas las cosas mucho más abundantemente de lo que pedimos o entendemos (Efesios 3:20).

Israel tenía el historial, justo ante sus ojos, y aun así no creía en Dios. Su incredulidad y desobediencia le impidieron entrar a la Tierra Prometida y echar fuera a los gigantes. Una generación entera, excepto por Caleb y Josué, murió en el desierto y no entró a la Tierra Prometida porque no podía creer que Dios le daría la capacidad de vencer a los gigantes. (Vea Números 13–14.) El Salmo 78 revela las cuatro razones por las que algunos de nosotros no viviremos la promesa del Salmo 112: 1) Hemos olvidado lo que Dios ha hecho, 2) No creemos, 3) Necesitamos liberación de nuestro pasado y, 4) No conocemos a Dios íntimamente. Veámoslas un poco más de cerca.

LIMITAMOS A DIOS CUANDO OLVIDAMOS LO QUE ÉL HA HECHO

Los hijos de Israel no tuvieron fe para reclamar la promesa de Dios porque habían olvidado lo que Él había hecho. Pero ¿cómo pudieron olvidar las señales, maravillas y milagros? ¿Cómo olvidaron el haber sido libertados milagrosamente de la esclavitud? ¿Cómo pueden decir incluso que Dios no nos puede llevar a la tierra cuando vieron las plagas que Dios infligió sobre sus enemigos? ¿Cómo pueden olvidar que Dios juzgó y destruyó al gobernador más poderoso de su tiempo, que Él separó el mar Rojo y les proveyó maná en el desierto y agua de una roca? ¿Cómo pueden olvidar que Dios los bendijo con su presencia en forma de nube durante el día y una columna de fuego por la noche? ¿Cómo pueden dudar si son parte de una generación que atestiguó algunos de los milagros más grandes que cualquier generación haya visto jamás?

¿Cómo limitan a Dios justo cuando llega el momento de cruzar el Jordán y entrar a poseer la tierra que Él prometió a sus antepasados?

Parece absurdo poder olvidar tales cosas sobrenaturales; sin embargo, recuerde que Israel es sombra y figura. Es un ejemplo para advertir a los creyentes del Nuevo Pacto. Así que, mientras esto resalta su falta de fe y su limitación a Dios, también es una imagen de cómo podemos hacer lo mismo a pesar de la evidencia abrumadora de lo contrario.

Creo que una de las razones por las que limitamos a Dios se debe a que dejamos de dar nuestro testimonio. Hablar regularmente sobre las grandes cosas que Dios ha hecho por usted fortalece su fe y su expectativa para que Dios haga grandes cosas por usted en el futuro. El hecho de que sea salvo es un milagro. Piense en aquello de lo que Dios lo libertó. Dios lo sanó y restauró su mente. Él llevó a cabo señales y maravillas mientras usted estaba en Egipto (Egipto es una imagen del mundo). Piénselo, recuerde, repase y acuérdese de cómo Dios lo sacó, cómo orquestó su encuentro con las personas adecuadas. Piense en cómo Dios lo llevó al Espíritu Santo, lo profético, la Palabra y la adoración. Piense en cómo Dios lo trajo al reino de lo sobrenatural en el que anda ahora. ¿Olvidaría eso? ¿O todas las maravillas que Dios ha hecho por usted vendrán rápidamente a su memoria cuando vea a los gigantes? ¿Cuando vengan los desafíos, dirá "ay, eso es muy grande", y limitará a Dios porque se olvidó de dónde lo sacó Él?

Es bueno recordar de dónde lo sacó Dios y repasar lo que Él ha hecho por usted. También es bueno dar su testimonio. Ya no tenemos muchos servicios de testimonio. Pero es bueno dar su testimonio para recordarse a sí mismo y a los demás de que usted es un milagro, es una señal y maravilla. Acuérdese y comparta con ellos que están viendo a alguien que debería estar muerto, si esa es su historia. Eso le fortalecerá para estar firme en medio del problema y decir: "No importa lo que hay en mi camino, no importa cuán grande parezca, no voy a limitar a Dios porque si Dios lo hizo por mí en aquel entonces, lo hará por mí ahora. Él es el mismo ayer, hoy y siempre". Compartir su testimonio le ayudará a recordar que cuando parecía ser imposible y no había nadie que lo ayudara, Dios estaba allí. Podrá recordar que cuando no podía ver su camino y no sabía cómo iba a salir de allí, Dios llegó y lo rescató, y por eso, usted está aquí.

Cualquier cosa que lo esté desafiando en este momento, ya sea enfermedad, dolencia o problemas financieros, cualquiera que sea la montaña, usted puede ser como la persona del Salmo 112 y recordar que Dios tiene cuidado de usted. Él es más que suficiente. Si siente como que está atorado, no puede salir de un callejón y, sencillamente, no puede moverse, este es un buen momento para recordar que el Dios a quien usted sirve está esperando para responder su clamor de auxilio. Si parece que las cosas no van bien para usted y que ha perdido su oportunidad y gozo, recuerde la vez cuando el gozo del Señor era su fortaleza. Si ha llegado al lugar donde realmente no parece creer que Dios cambiará sus circunstancias (como si el diablo hubiera puesto una barrera a su alrededor y dice que no puede ir más lejos, que ya no puede prosperar) recuerde la vez cuando Dios mostró fuertemente su poder a favor suyo. El mismo Dios que lo sacó hace años está aquí y ahora. De hecho, no solo está aquí; Él ya está en su futuro.

DIOS BUSCA BENDECIR AL QUE CREE

A Dios no le gusta estar limitado. A Él le encanta que la gente crea. Dios disfruta cuando la gente quita los límites. La Biblia dice: "Porque los ojos de Jehová contemplan toda la tierra, para mostrar su poder a favor de los que tienen corazón perfecto para con él" (2 Crónicas 16:9). Dios busca a alguien que crea en la fortaleza y el poder de su fuerza. Está contemplando la tierra para encontrar a alguien que le crea por algo más grande. Dios pasará por encima de mil millones de personas para llegar a usted. Dios pasará por alto mil millones de personas y se detendrá en su casa si mientras todos los demás dudan, usted es el único que dice: "Voy a creer que Dios puede hacerlo mucho más abundantemente de lo que yo puedo pedir o imaginar".

Es tiempo de dejar de pensar en pequeño. Es tiempo de dejar el pensamiento limitado. Es tiempo de dejar de sentirse incómodo con la bendición y el crecimiento del Señor. Es tiempo de dejar de pensar que Él le prosperará en todas las áreas de su vida excepto la financiera, excepto el triunfo y la promoción. El Salmo 112:3 dice que los bienes y las riquezas estarán en su casa si usted es recto. Es tiempo de dejar de pensar que Dios solamente lo llevará a un punto determinado y le permitirá tener solo cierta cantidad. Es tiempo de dejar de pensar que su bendición de bienes y riquezas solamente se aplica a un grupo especial de personas.

Permítame decirle algo: cuando usted se vuelve una persona de fe, llega a ser uno de los especiales de Dios. Cuando usted se vuelve estable, firme, inalterable y establecido en Dios, usted se convierte en uno de los especiales. Es tiempo de quitar los límites.

Con Dios nada es imposible, y es un insulto cuando le dice a Dios: "No puedes hacerlo. No puedes bendecirme. No puedes libertarme. No puedes hacer que yo tenga favor". Aquí estamos hablando de Dios, no del hombre. Estamos hablando del Dios que todo lo puede, el Dios todopoderoso, quien hace milagros y cambia las cosas de un día a otro. Estamos hablando del Creador del universo, el que hizo todo. ¿Cómo puede limitarlo?

Ha habido veces en mi vida cuando, sin saberlo, limité a Dios. Creo que a todos nos ha pasado. Es parte de nuestro proceso cuando llegamos a conocer quien Él es. Por eso creo que me gusta tanto el Salmo 112. Se trata de una persona que ha llegado a conocer el poder de Dios y ha encontrado paz en todos los asuntos de la vida debido al conocimiento y el temor del Señor.

POR QUÉ LOS BIENES Y LAS RIQUEZAS PODRÍAN SER DIFÍCILES DE HALLAR

Esta discusión sobre la manera en que limitamos a Dios no es para condenarle, ya que todos hemos fallado, sino para desafiarlo para que conozca el carácter y los caminos de Dios. El no retarda su promesa (2 Pedro 3:9). Él será fiel en cumplir todo lo que ha dicho. Dios no es hombre para que mienta (Números 23:19). Si Dios lo dijo, Él lo hará. Sin embargo, que usted pueda o no mantenerse en el lugar a donde Él lo ha llevado depende, repito, de su patrón de pensamiento.

Israel había estado en esclavitud durante cuatrocientos años, y aunque Dios los había sacado, la esclavitud todavía estaba dentro de ellos. Así pasa con nosotros. Dios puede sacarnos de algo, pero, a menos que Él lo saque de nosotros, todavía se manifestará. Por eso necesitamos liberación. Aun después de haber sido libertados de Egipto, los israelitas todavía estaban llenos de temor y mostraban los efectos del trauma que experimentaron durante la esclavitud. Cuando Dios le habló de tomar posesión de la Tierra Prometida, ellos no estaban acostumbrados a ser dueños de algo. Durante esos cuatrocientos años en Egipto, ellos no eran dueños de nada ni personas que operaran por voluntad propia. Eran esclavos. Los esclavos no poseen nada; ellos son posesión. Así que, cuando Dios les dijo que quería que fueran y poseyeran la tierra de Canaán, Él le hablaba a toda una generación que no tenía contexto para apropiarse de algo. Cuando vieron a los gigantes, dijeron: "No podemos hacerlo".

Si usted no está acostumbrado a poseer algo, cuando Dios dice: "Posee. Toma control. Los bienes y las riquezas son tuyas", se le dificultará entender lo que Él dice y no sabrá cómo cumplirlo. Cuando usted nunca ha sido dueño de una casa, a veces, el reto más grande es obtener su primera casa. Cuando nunca ha estado en cierto nivel en su vida, y Dios dice que Él quiere llevarlo allí, es difícil.

La gente que posee cosas o que ya es rica no tiene problemas para recibir más. Están acostumbrados a tenerlo. Sin embargo, para quienes nunca han sido dueños de algo o no han tenido bienes, creer y esperar la bendición de Dios en esta área puede ser difícil. Aunque las promesas de Dios son sí y amén para todos aquellos que están en Cristo (2 Corintios 1:20), tomar posesión de ellas puede ser más difícil para unos que para otros.

Sus limitaciones están basadas en aquello de donde salió. Quizá ha sido limitado por la sociedad, hubo ciertos lugares a donde usted no podía ir o ciertas cosas que no podía hacer o tener debido al color de su piel, trasfondo familiar o situación económica. Usted puede avanzar por medio de la liberación. Puede declarar que no se quedará limitado por la sociedad ni la cultura. No importa cuál sea su trasfondo o cuántas personas dijeron que no podía hacerlo o tenerlo, usted no tiene que estar limitado por nada.

Cuando usted encuentra a Dios y Él empieza a trabajar en su vida, esas limitaciones pueden ser rotas. La Biblia dice: "si alguno está en Cristo, nueva criatura es; las cosas viejas pasaron; he aquí todas son hechas nuevas" (2 Corintios 5:17). Cuando usted viene a Cristo y escucha la Palabra de Dios, también se conectará con gente de fe que le animará a romper las limitaciones. Pronto estará fortalecido para saber que no tiene que quedarse en una condición de atadura toda su vida. Cuando usted tenga a Dios y gente de fe a su alrededor, no importará cuántos enemigos y gente envidiosa hablen contra el nuevo lugar a donde Dios lo está llevando. Usted podrá declarar: "¡Yo no limito a Dios!".

DIOS NO BENDICE A TODOS

Ahora voy a escribir algo que desafiará algunos pensamientos religiosos. Algunos dicen que a Dios le agradan y bendice a todos por igual. No es así. Dios ama a toda la gente. Dios los ama a todos. Eso es cierto, pero a Dios le gustan unas personas más que otras. No es debido a ellos. No se trata de su carne. La Biblia dice: "A Jacob amé, mas a Esaú aborrecí" (Romanos 9:13). A Dios no le agradaba Esaú. Si usted no le agrada a Dios, está perdido. No sé usted, pero yo quiero agradarle a Dios. La Biblia dice que Abraham era el amigo de Dios. A Dios le agradaba Abraham.

Lo que hace que las personas sobresalgan ante los ojos de Dios, así como el hombre del Salmo 112 sobresale, es su fe. A Dios no le gusta la incredulidad. A Él le gustan los que salen, sueñan y creen. Dios hará por ellos lo que no puede hacer por los que no creen. Dios no hace acepción de personas. Dios no favorece a las personas con base al color de su piel, apellido o trasfondo, pero sí se deleita en los que creen.

Cuando lee sobre el tiempo del ministerio de Jesús en el Nuevo Testamento, el grupo de personas a quien usted pensaría que Él habría favorecido, no lo hizo. Solamente habló favorablemente solo de quienes tenían una gran fe; y todos eran gentiles. No eran judíos, su pueblo escogido. Cuando el centurión en Lucas 7 llegó y dijo: "Señor, ni siquiera tienes que ir a mi casa. Solo da la orden" (vea los versículos 6–7); el Señor dijo: "Les digo que no he encontrado tan grande fe ni siquiera en Israel" (versículo 9).

A veces, la gente que nosotros pensamos que debería estar avanzando, no lo hace debido a que ellos son precisamente los que limitan a Dios. Y los que son los menos probables, sí avanzan porque ellos piensan y sueñan en grande, sabiendo que, si Dios dice la palabra, está hecho. Piense en la mujer cananea en Mateo 15, quien llegó a Jesús porque su hija estaba poseída por un demonio. Al principio, Jesús la ignoró. Cuando finalmente le contestó, parecía que la estaba insultando: "Fui enviado solo a las ovejas perdidas de la casa de Israel…No es justo tomar el pan de los hijos y dárselo a los perros" (versículos 24–26). Al escuchar una respuesta así, la mayoría de nosotros da la vuelta y se va. Sin embargo, ella insistió y dijo: "Sí, Señor, pero aun los perros comen de las migajas que caen de la mesa de sus amos" (versículo 27). Puedo imaginar a Jesús pensando: "Ah, esta es una chica atrevida. Tengo que darle este milagro". Ella sabía que aun una migaja, un pedacito de la unción del Señor llevaría liberación a su hija. A ella no se le iba a retener el milagro que necesitaba.

Algunos podrían menospreciarle y llamarlo perro. Podrían decirle que no es digno o lo suficientemente bueno. Podrían pensar que no califica. Sin embargo, si tiene fe, usted puede recibir su milagro. A Dios le agrada la gente que tiene fe, porque la fe indica que usted conoce a Dios. Cuando tiene fe, usted está diciendo: "Dios, confío en ti. Yo sé que tú puedes hacerlo". A Dios le gusta eso. Demuestra que lo conoce a Él y a su intención hacia las personas. Él es un Dios bueno, misericordioso, amable, perdonador, redentor, libertador y restaurador. Él es el Dios que no nos da lo que merecemos. La gente que realmente conoce a Dios, que Él es bueno y su misericordia es eterna, esa gente es a quien Él favorece.

Algunos de los más religiosos ni siquiera conocen a Dios. Con todos los religiosos en Israel, los fariseos y saduceos, Jesús señaló a los gentiles como quienes tenían mayor fe. Los líderes religiosos no conocían a Dios. Ellos asistían a escuelas teológicas. Se sentaban a los pies de los rabinos. Se les enseñaba la Torá y la Ley, hasta podían citarla palabra por palabra, pero no conocían a Dios.

Veo lo mismo entre los creyentes actuales. Ni siquiera sabemos lo que tenemos. Las personas vienen de afuera y reciben un milagro porque no tienen todo el bagaje religioso que nubla su capacidad para ver cuán grande es Dios. No lo limitan.

Quiero desafiarlo con este mensaje del Salmo 112.

Quiero que sepa que con conocer a Dios y andar en sus caminos viene una medida de bendición que usted nunca había visto. Hemos sido limitados por lo que otros nos dicen sobre lo que Dios hará en vez de reclamar el espectro completo de las promesas que Él nos ha hecho. La vida abundante no está reservada solo para dentro de un rato. Es para que nosotros la reclamemos ahora mismo.

Quiero que vea que tanto los bienes y las riquezas naturales como espirituales son para usted ahora. Le desafío con esta palabra: Rompa las limitaciones de quien usted puede ser, de a dónde puede ir, o qué puede hacer. Empiece por creerle a Dios por milagros para su ministerio, finanzas, negocio, familia o lo que sea. Crea que Él hará lo que dijo que haría. Crea que Él quiere bendecirlo. Crea que Él es más que suficiente. Sea una persona de gran fe. Sea la persona a la que Dios le encanta bendecir. Esta es la herencia y el legado de un creyente del Salmo 112. Esta es la vida estable y firme de un hombre o mujer de Dios.

A medida que se apropia de este mensaje y quita los límites de lo que Dios quiere hacer en su vida, yo creo que usted entrará a una nueva temporada donde verá avances y logros como nunca. No tiene que saber cómo va a suceder o de dónde vendrá. Todo lo que sabrá es que su Dios es ilimitado. Él es grande y poderoso. Tiene provisión ilimitada.

DECLARACIONES DE FE
EN UN DIOS ILIMITADO

Señor, tú eres ilimitado. Eres demasiado grande y poderoso como para que yo te ponga límites. No te insultaré limitándote en la forma que quieras moverte en mi vida.

Señor, perdóname si te he limitado. Renueva mi mente y líbrame de los patrones de pensamiento equivocados y los pensamientos limitados.

Supero las limitaciones en el nombre de Jesús.

Señor, creo que tú puedes hacer mucho más abundantemente de lo que yo puedo pedir o imaginar.

Llevaré una vida ilimitada.

Declaro que cada vez que parezca que he llegado a un límite, Dios me llevará más lejos. Cada vez que parezca que me he encontrado con una pared, creeré cuando Dios diga que la pared se va a derrumbar. Cada vez que parezca como que no puedo ir más lejos, creeré cuando Dios diga que estoy subiendo a algo nuevo.

Este es mi tiempo para que los bienes y las riquezas permanezcan en mi casa. Esta es mi época para ser invadido por la bendición de Dios. Esta es mi temporada para andar en rectitud y sabiduría.

Ando en un nuevo ámbito de favor ilimitado, logros ilimitados y recursos ilimitados.

La incredulidad no me detendrá. Mi pasado no me detendrá. La gente no me detendrá.

Tomaré posesión de la prosperidad que Dios tiene para mí. Estoy en posición de recibirla y de andar en ella continuamente.

Sirvo a un Dios ilimitado. Sirvo al Dios de la abundancia.

Gracias, Señor, por romper toda limitación en mi vida, en el nombre de Jesús.

Capítulo 5

MISERICORDIOSO Y CLEMENTE

Resplandeció en las tinieblas luz a los rectos;
es clemente, misericordioso y justo.
—Salmo 112:4

En los capítulos dos y tres vimos el panorama general de las bendiciones que Dios le promete como creyente del Salmo 112. En este capítulo y en los próximos, voy a resaltar algunos rasgos de carácter que abren la puerta a estas bendiciones y hacen que permanezcan en su vida.

Tal como dije, nuestra capacidad para prosperar y recibir las promesas de Dios tiene que ver con nuestro corazón y mente renovados. Prosperamos primero internamente antes de que nuestra prosperidad se manifieste externamente. Como dijo el apóstol Juan: "Amado, ruego que seas prosperado en todo así como prospera tu alma, y que tengas buena salud" (3 Juan 1:2, LBLA). El humano es un ser trino. Estamos formados de cuerpo, alma y espíritu. Lo que sucede en nuestro corazón y mente, estados mentales y emocionales, es el ámbito del alma. Cuánto prospera usted física, espiritual, emocional, relacional y financieramente depende de la condición de su alma. Del alma fluye ya sea el fruto del Espíritu o las obras de la carne. (Vea Gálatas 5:19–23.) Nuestra alma exhibe el fruto del Espíritu cuando está bajo el control del Espíritu de Dios. Él obtiene acceso a nosotros a través de nuestro espíritu. Proverbios 20:27 dice: "Lámpara del Señor es el espíritu (la conciencia) del hombre que escudriña lo más profundo de su ser" (LBLA, énfasis añadido). Y, en Romanos 8:14–16, leemos: "Porque todos los que son guiados por el Espíritu de Dios, éstos son hijos de Dios…El Espíritu mismo da testimonio a nuestro espíritu, de que somos hijos de Dios".

LA PERSONA DEL SALMO 112 VIVE POR EL FRUTO DEL ESPÍRITU

Los dos primeros rasgos de carácter que encontramos en el Salmo 112 son misericordia y clemencia. Es interesante que estos se relacionan con la manera en que el hombre del Salmo 112 trata a las personas. Los primeros tres versículos hablan de la manera en que él se relaciona con Dios y las bendiciones que resultan de honrar esa relación. De hecho, todo el salmo se alterna, versículo por versículo, entre nuestra relación con Dios y nuestra relación con los demás. Esto me recuerda lo que Jesús llamó el mayor mandamiento, el cual es amar a Dios y amar a los demás como a nosotros mismos. (Vea Mateo 22:37–39.)

Ser capaces de amar a Dios y amar a la gente está totalmente ligado a la postura de nuestro corazón. En el Nuevo Pacto, llegamos a ver estas como capacidades que solamente pueden darse como resultado de estar llenos del Espíritu de Dios. Facultados por Él, podemos ser misericordiosos, clementes y rectos, lo que se relaciona categóricamente con el fruto del Espíritu. Los nueve frutos: amor, gozo, paz, paciencia (tranquilo), benignidad (o amabilidad), bondad (benevolencia), fe (o fidelidad), mansedumbre (incluso gentileza y humildad) y templanza, pueden resumirse en la manera en que la persona del Salmo 112 muestra gracia, compasión y rectitud. Un desglose del significado de estas tres palabras nos muestra la conexión con el fruto del Espíritu.

Gracia

El diccionario Merriam-Webster's define gracia como una "disposición para o un acto o ejemplo de bondad, cortesía o clemencia"; "la calidad o estado de ser considerado".[1] Los rasgos de benevolencia, cortesía, amabilidad, misericordia, virtud, excelencia, mérito y caridad también están relacionados a la gracia y a la misericordia.

Compasión

La compasión está relacionada con la misericordia[2] y se define como "consciencia empática de la angustia de otros acompañada del deseo por aliviarla".[3] También está conectada a la empatía, bondad, sensibilidad, benevolencia, generosidad, caridad, magnanimidad y filantropía.[4] Cuando se usa en la Biblia, la compasión se ve como un rasgo que solamente puede provenir de Dios.[5]

Rectitud

Rectitud significa: justo, honesto, correcto (en la conducta personal), decente.[6] También está conectado con la decencia, bondad, honestidad, integridad, moralidad, rectitud, virtud, honor, respeto y fidelidad a los altos estándares morales.[7] La rectitud es un rasgo que aparece muchas veces a lo largo del Salmo 112, pero volveré a explorarlo más profundamente en un capítulo posterior.

Al ver estos tres rasgos listados en el Salmo 112:4, podemos notar cómo se relacionan de manera cruzada con el fruto del Espíritu. Estos rasgos los demuestra la persona que anda según el Espíritu de Dios, no una persona sujeta a su carne.

LAS PERSONAS DE DOBLE ÁNIMO NO PUEDEN VIVIR SEGÚN EL SALMO 112

Cuando el doble ánimo lo ata: rechazo, rebeldía y amargura, usted no puede ser al mismo tiempo misericordioso, compasivo y recto.

Una persona con doble ánimo es generalmente alguien que fue rechazado por la gente cuando era muy niño y se vuelve rebelde. Muchas veces, cuando un niño se vuelve muy rebelde, eso es un clamor por atención porque se siente rechazado. Además, quienes han sido rechazados, tienen problema para perdonar a quienes los hirieron o rechazaron y se vuelven amargados.

A nadie le gusta ser rechazado. El rechazo es una de las cosas más dolorosas que le pueden suceder. Usted puede decir que eso no le molesta, pero el rechazo siempre molesta. Puede volverse amargado, enojado, rencoroso, vengativo, resentido y lleno de odio. Estas características no pueden habitar en el corazón del creyente del Salmo 112 junto con la misericordia y la compasión. Tal como dice en Santiago 3:11, ninguna fuente puede echar agua dulce y salada.

Los creyentes como el del Salmo 112 no son criticones, legalistas, cueles, vengativos ni amargados. Cuando ellos tratan con personas, son misericordiosos, amables y amorosos. No se puede ser así cuando se es una persona de doble ánimo. Su rechazo, enojo, rebeldía y amargura surgirá finalmente.

La liberación, ser libre para llevar una vida llena del Espíritu, es la manera en que nos deshacemos de estos rasgos carnales y peligrosos y nos volvemos un creyente que vive según el Salmo 112.

Los creyentes como el del Salmo 112 prosperan porque su alma ha sido libertada. Ellos muestran el fruto del Espíritu porque su alma ha sido renovada y transformada. Ellos se han sometido al control del Espíritu de Dios. Su alma no los gobierna; el Espíritu sí. El Espíritu ha puesto dentro de ellos el poder y la fortaleza para prosperar en cada área de su vida, de adentro hacia afuera.

LAS OBRAS DE LA CARNE SON LADRONES DE LA PROSPERIDAD

La amargura, enojo, rencor y otras obras de la carne son ladrones de la prosperidad, demonios y diablos que le mantienen conectado a su pasado y le roban su futuro. Sin embargo, Dios quiere separarlo de esa conexión de un pasado doloroso para que pueda avanzar hacia los planes prósperos que Él tiene para usted.

Tenemos que orar y pedirle a Dios que nos muestre cualquier recuerdo, oculto o reprimido, en nuestra vida que esté causando amargura. Hay algo llamado evocación de la memoria o recuerdo recurrente que la gente sufre o tiene que lidiar con ello. Sucede cuando una persona recuerda cada cosa mala que le ha sucedido, todo lo que alguien le ha hecho. Tiende a recordar estas cosas y a almacenarlas, y muchas veces, esto surge cuando le vuelven a hacer lo mismo. Esa acción le recuerda lo que le sucedió en el pasado.

Cuando Dios nos perdona, Él pone nuestros pecados en el mar del olvido, o en las profundidades del mar (Miqueas 7:19). Las olvida. No nos las recuerda. Esto es lo que la sanidad de Dios en estas áreas nos facultará a hacer. No significa que usted olvidará completamente los eventos; solo significa que cuando los recuerde, ya no sentirá el mismo dolor y enojo que sintió antes de perdonarlos y dejarlos ir verdaderamente. Usted no quiere que las cosas en su pasado le impidan avanzar hacia su futuro.

Puede ser difícil imaginarse llevando una vida de bondad y compasión consistente debido a los muchos zopencos, necios, insensatos o egoístas y abusivos con los que uno se topa en la vida. Puede estar seguro de que la persona del Salmo 112 se ha encontrado con muchos insensatos en su vida. La gente pecadora, malvada e impía hará y dirá cosas sin respetar a nadie. Siempre habrá personas así en el mundo, las encontramos siempre; sin embargo, hay una clara distinción en la manera en que los creyentes como el del Salmo 112 se conducirían.

La idea de apagar fuego con fuego no es aceptable para un creyente. Nunca se permita llegar a ser como ellos porque usted quiere la bendición de Dios en su vida. Usted querrá ser siempre amable, cortes, gentil, amoroso, considerado y piadoso. Eso es lo que Dios espera de usted. Él espera que sus santos tengan un estándar santo. No puede permitir que sus reacciones ante las pruebas y traumas de la vida le roben la bendición de Dios.

El secreto para mantenerse fiel a Dios y mantener un corazón de misericordia y compasión es estar rendido al Espíritu de Dios.

ANDAR EN EL ESPÍRITU

Cuando hablamos de las características de los creyentes como el del Salmo 112, en realidad hablamos del estilo de vida de las personas guiadas por el Espíritu Santo. Ellos siguen al Espíritu de Dios y no andan en la carne. Cuando usted se guía por su carne, esta lo domina; entonces, no es guiado por su espíritu. Su espíritu no está vivo. No está lleno del Espíritu Santo. Está muerto a las cosas de Dios. Usted es controlado por su carne.

Cuando usted nace de nuevo y su espíritu vuelve a la vida, el Espíritu Santo entra en su espíritu y, ahora, su espíritu va a tomar control de su alma, su carne. Sin embargo, a su carne, habiendo estado a cargo alguna vez, no le gusta rendir fácilmente el control. Ahora que usted ha nacido de nuevo, lleno del Espíritu de Dios y empezado a andar según el fruto del Espíritu, su carne no lo entiende muy bien: "¿Por qué ya no puedo fornicar? ¿Por qué ya no puedo hacer eso? ¿Por qué ya no puedo odiar a la gente? ¿Por qué ya no puedo emborracharme? ¿Qué pasó?". Su espíritu está vivo, eso es lo que pasó. Dios es un Espíritu, Él habita en su espíritu y ahora él se ha vuelto el gobernador de su vida.

El problema que algunos tenemos es cuando las cosas de nuestro pasado como el rechazo, por ejemplo, riñen por el control. Los espíritus pelean por el control sobre nuestra carne para mantenerla en una posición de poder sobre nuestro espíritu. Así es como obtenemos la duda y el doble ánimo, un comportamiento que experimentamos tan comúnmente. Sin embargo, nuestra carne siempre debió estar bajo el gobierno de nuestro espíritu. Este es el camino hacia la vida reparada, establecida y próspera que vemos en el Salmo 112. Esta persona no está gobernada por su carne.

Para poder derrocar a la carne para siempre, reciba liberación, sí. Pero, además, está el proceso del que Pablo habla: "Disciplino mi cuerpo como lo hace un atleta, lo entreno para que haga lo que debe hacer" (1 Corintios 9:27, NTV). Pablo dice que lo hace para no quedar descalificado o reprobado (no pasar la prueba, ser reprobado y rechazado como una falsificación). Pablo deseaba, más que nada, que Dios lo aprobara y aceptara, y él sabía que Dios tenía un estándar que era opuesto a la tendencia natural de la carne pecadora de Pablo.

Tal como Pablo enseñó, tenemos que entrenar a nuestra carne, nuestro cuerpo, para llevarlo a sujetarse al Espíritu de Dios, ya que la mayor parte de nuestro comportamiento es costumbre. Generalmente, hacemos las mismas cosas una y otra vez sin pensarlo. Mucho de lo que hacemos es de manera subconsciente. Podemos hacer algo durante tanto tiempo que se vuelve automático, como cepillarnos los dientes al levantarnos por la mañana, o manejar del trabajo a la casa. ¿Alguna vez ha ido conduciendo hacia su casa, después del trabajo, y se da cuenta que ni siquiera estaba pensando hacia dónde iba? Solo llegó a casa. Hacemos muchas cosas subconscientemente. No tenemos que pensar en ello.

A veces, las cosas que hacemos sin pensar son pecaminosas. Los pecados habituales con frecuencia son los más difíciles de romper. Esos pueden formar ataduras en nuestra vida. A algunos de ellos les he llamado "demonios tercos" en mis libros *Manual de liberación y guerra espiritual*, y *El pacto de Dios con usted para su rescate y liberación*. Este tipo de demonios, muchas veces, no salen excepto a través de ayuno y oración, lo cual es parte de la disciplina y entrenamiento espiritual del que

Pablo hablaba. Con ayuno, debilita su carne y fortalece su espíritu. A lo largo del curso de mi ministerio y en mi propia vida, he descubierto que eso es cierto: si usted cambia sus hábitos, cambiará su vida.

ANDAR EN EL ESPÍRITU CAMBIA LA FORMA EN QUE TRATA A LAS PERSONAS

Muchas veces, cuando hablamos de estar llenos del Espíritu, hablamos de poder, unción, alabanza, profecía y hablar en lenguas. Todo eso es bueno; sin embargo, la gracia, compasión, bondad, amor y gentileza hacia los demás también son manifestaciones de estar llenos del Espíritu. No me diga que está lleno del Espíritu cuando es mezquino, está lleno de odio y maldad, pero habla en lenguas. Si usted estuviera lleno del Espíritu de Dios, debería exhibir la característica principal de Dios: el amor.

No podemos decir que amamos a Dios cuando odiamos a la gente. Según 1 Juan 4:20, usted miente si vive de esta manera. Las personas que están llenas del Espíritu de Dios y tienen control sobre su carne están llenos, y lo demuestran, del amor de Dios por los demás.

El primer fruto del Espíritu es amor. Puede amar a la gente independientemente de lo que haga. Sí, hay quienes necesitan liberación, pero el amor cubre multitud de pecados (1 Pedro 4:8). El amor todo lo soporta (1 Corintios

13:7). Si no puede amar a la gente, pero puede gritar y danzar, no durará mucho porque el diablo le pondrá una trampa para que sea lastimado y sienta ira. Él hará que usted entre a la trampa del rechazo y la amargura. El amor de Dios lo protege de su amargura. Le ayuda a soportar las faltas y errores de otras personas.

No existe una sola persona que haya sido salvo por un periodo de tiempo que no haya tenido que lidiar con algo que alguien dijo o hizo. Como lo dije antes, en esta vida usted va a lidiar con zopencos, tontos e insensatos. Necesita entrenar a su carne para que se someta al amor a fin de que usted pueda soportar, para que no sea descalificado e inadecuado para recibir las bendiciones y las promesas de Dios, para que su vida esté llena de gozo, paz y justicia en el Espíritu Santo.

Esto no se trata de mantener lazos cercanos con gente pecadora y dañina o de dejar que las personas destructivas permanezcan en su vida. Eso no es sabio. El amor no se regocija en la maldad, en la injusticia ni en el pecado (1 Corintios 13:6). Sino que de lo que estamos hablando es de extender el amor, la misericordia y la compasión de Dios. A veces, usted tiene que pasar por alto lo que algunas personas hacen. Debe dejar que sus acciones le resbalen. No puede ponerles atención. Algunos de los santos mayores podrían decirle: "Solo diga, 'Dios te bendiga', y siga su camino".

CÓMO ANDAR EN EL ESPÍRITU

Para muchos de nosotros, ser capaces de mostrar consistentemente amor, misericordia y compasión, especialmente a personas difíciles o en circunstancias difíciles, es donde debemos ser fortalecidos. En Judas 1:18–21, encontramos la manera de hacerlo:

> Los que os decían: En el postrer tiempo habrá burladores, que andarán según sus malvados deseos. Estos son los que causan divisiones; los sensuales, que no tienen al Espíritu. Pero vosotros, amados, edificándoos sobre vuestra santísima fe, orando en el Espíritu Santo, conservaos en el amor de Dios, esperando la misericordia de nuestro Señor Jesucristo para vida eterna.

En otras palabras, usted se encontrará con personas difíciles que causan división y no tienen al Espíritu. Sin embargo, para lidiar con ellas y mantenerse en Cristo, hay tres cosas que debe hacer:

1. Edifíquese

Reciba al Espíritu Santo. Sea libertado. Lea y estudie la Palabra. Ayune y ore. Estas son las formas en que usted puede empezar a ver un crecimiento del Espíritu de Dios operando en su vida. Cuando edifica a su espíritu para recibir la llenura del Espíritu de Dios, usted rompe el control del enemigo en su vida y puede tener acceso al poder de Dios sin impedimento alguno. No puede llevar la vida del Salmo 112 sin el poder de Dios. La Biblia dice: "recibiréis poder, cuando haya venido sobre vosotros el Espíritu Santo" (Hechos 1:8). No es por la fuerza ni por el poder, sino por el Espíritu de Dios que seremos edificados y fortalecidos para llevar una vida de gracia y compasión hacia los demás. Tratar de vivir así sin el poder del Espíritu Santo hará que usted termine en el hospital. La intención de Dios nunca fue que usted tratara y lo sirviera con la energía de su carne. Él dijo: "Voy a darte un ayudador que te enseñará todas las cosas". (Vea Juan 14:26.)

2. Ore en el Espíritu Santo

Orar en el Espíritu Santo es una de las claves para andar en el Espíritu. La frase se refiere a las veces cuando el Espíritu Santo pide, a través de nosotros, la perfecta voluntad de Dios. Romanos 8:26–27, dice: "Y de igual manera el Espíritu nos ayuda en nuestra debilidad; pues qué hemos de pedir como conviene, no lo sabemos, pero el Espíritu mismo intercede por nosotros con gemidos indecibles. Mas el que escudriña los corazones sabe cuál es la intención del Espíritu, porque conforme a la voluntad de Dios intercede por los santos".

Orar en lenguas fortalece su espíritu y le ayuda a tener control sobre su carne. Reduce las reacciones carnales y, en vez de eso, hace que usted reaccione espiritualmente. Pablo, uno de los principales apóstoles en la iglesia del Nuevo Testamento, dijo: "Doy gracias a Dios que hablo en lenguas más que todos vosotros" (1 Corintios 14:18). Lo dijo debido a todos los problemas con la gente con los que tuvo que lidiar a lo largo de su ministerio. Él no podía darse el lujo de reaccionar carnalmente, para no arriesgar la efectividad del evangelio que predicaba.

Usted puede hablar, orar y cantar en lenguas. Efesios 5:18–19 dice: "sed llenos del Espíritu, hablando entre vosotros con salmos, con himnos y cánticos espirituales, cantando y alabando al Señor en vuestros corazones". Es decir, otras formas de mantenerse lleno del Espíritu Santo son pasar tiempo adorando y cantando canciones proféticas.

A medida que usted incremente su tiempo devocional e incluya orar y cantar en el Espíritu, empezará a ver cambios en su vida y en la manera en que usted ve y trata con la gente. Será más sensible al Espíritu Santo, escuchará su voz y Él empezará a guiarlo. Cambiarán sus pensamientos, juicios y oraciones por los demás. Lo que podemos ver de los demás a través de nuestra perspectiva carnal y limitada es muy poco. Orar en el Espíritu nos expone al entendimiento total de Dios sobre lo que está sucediendo en la vida de todos. Cuando vea a la gente a través del Espíritu, será lleno del amor y la misericordia de Dios. No estará presto a gritarles ni a agredirlos verbalmente porque verá dónde están lastimados. Además, será lo suficientemente humilde para reconocer que sin la gracia y la compasión que Dios le ha mostrado, usted estaría en circunstancias peores a las de ellos. Tendrá suficiente compasión para decir que, aunque ellos no estén viviendo o reaccionando adecuadamente, Dios tiene el poder para cambiar su vida, así como lo hizo con la suya.

3. Contrólese

En el libro de Santiago aprendemos que la lengua es la parte del cuerpo que controla toda su vida. Si usted puede guardar o controlar su lengua, puede controlarse a sí mismo y a su vida. Los creyentes como el del Salmo 112 son personas llenas del Espíritu cuyas vidas están bajo control. No están fuera de control. Controlan su lengua para evitar que digan cualquier cosa que la carne saque; por lo tanto, se mantienen a sí mismos bajo control y en el amor de Dios.

Cuando compara a la lengua con los pequeños timones que controlan los grandes barcos o con el freno en la boca del caballo que controla todo su cuerpo, Santiago dice:

He aquí nosotros ponemos freno en la boca
de los caballos para que nos obedezcan, y di-
rigimos así todo su cuerpo. Mirad también las
naves; aunque tan grandes, y llevadas de im-
petuosos vientos, son gobernadas con un muy
pequeño timón por donde el que las gobierna
quiere. Así también la lengua es un miembro
pequeño, pero se jacta de grandes cosas. He
aquí, ¡cuán grande bosque enciende un pequeño fuego!

—SANTIAGO 3:3–6

Por eso, una de las primeras cosas que suceden cuando
uno se bautiza en el Espíritu Santo es que Él toma control de su lengua. Si el Espíritu de Dios empieza a controlar su lengua, Él podrá dirigir su vida y llevarlo a
usted a estar de acuerdo con Dios. Empezará a ver que
suceden cosas sobrenaturales en su vida y en la de aquellos a quienes impacta a través de la oración y el ministerio. Los milagros, la sanidad y la liberación entrarán
en las situaciones que parecían imposibles. Dios hará por
usted mucho más abundantemente de lo que puede pedir
o imaginar, según el poder de Dios que obra en usted.
(Vea Efesios 3:20.)

Su lengua es muy importante. Es importante rendirla
al Espíritu Santo. Es importante que lo que usted diga
sea correcto. Proverbios 18:21 dice: "La vida y la muerte

están en el poder de la lengua". Sabemos que una de las razones por las que la gente comete errores en su vida se debe a que no ha controlado su lengua. No ha controlado lo que dice. Han permitido que su lengua diga cosas que salen de su corazón y que son incorrectas, malas, y que traen destrucción a su vida.

Le animo a que ore en el Espíritu Santo. Hable en el Espíritu. Viva en el Espíritu. Muévase en el Espíritu. Cuando usted se coloca a sí mismo bajo el control del Espíritu de Dios, Él le guiará a una vida que evidenciará la promesa del Salmo 112. Su gracia y compasión hacia los demás traerá *shalom* a su vida.

ORACIONES PARA ANDAR EN EL ESPÍRITU

Padre celestial, te agradezco por el poder del Espíritu Santo.

Cedo mi vida, lengua, mente y cuerpo al poder del Espíritu Santo.

No andaré en la carne. No viviré en la carne. Viviré en el Espíritu. Andaré en el Espíritu Santo.

Señor, me someto a tu Santo Espíritu.

Espíritu Santo, te permito que me guíes, dirijas y facultes. Someto mi vida a ti.

Andaré en el Espíritu. Tendré el fruto del Espíritu: amor, gozo, paz, paciencia, benignidad, bondad, fe, mansedumbre, templanza.

Te agradezco, Señor, que a medida que yo ande en el Espíritu, tu fruto será la evidencia de mi vida.

Gracias, Señor, por el fruto del Espíritu creciendo en mi vida.

A causa de tu Espíritu, tengo gracia y compasión por los demás. Me controlo en el amor de Dios.

Debido a tu Espíritu, puedo ver a la gente a través de tus ojos y amarla con el amor de Dios.

Gracias, Señor, por el Espíritu Santo. Soy una persona espiritual. No soy carnal. Mi carne no me domina. Renuncio a toda obra de la carne, a todos los pecados de la carne. En el nombre de Jesús.

Mi carne no dominará ni gobernará mi vida, sino que seré guiado y controlado por el Espíritu Santo todos los días de mi vida. En el nombre de Jesús. Amén.

Capítulo 6

SABIO Y JUSTO

El hombre de bien presta con generosidad y maneja
con honradez sus negocios. ["justicia", NVI y PDT].
—SALMO 112:5, DHH

EL SIGUIENTE VERSÍCULO en el Salmo 112 vuelve a tratar sobre la gracia, generosidad y discreción. Hablamos de la gracia y la compasión de la persona en el Salmo 112 y discutimos la forma en que fluyen de una vida sujeta al Espíritu de Dios. Su generosidad es un tema recurrente, así como su rectitud, y exploraré ambas en los últimos capítulos. En este, quiero enfocarme en la forma en que conduce los asuntos de su vida con honradez.

La palabra *honradez* se refiere al juicio, la toma de decisiones; cómo se lleva a cabo el proceso o la manera de decidir.[1] También significa "la calidad de tener o mostrar discernimiento o buen juicio"; "capacidad para tomar decisiones responsables".[2] Los que operan con honradez tienen sentido común. Son equilibrados, prudentes, sensibles, astutos, conocedores y sabios. Ellos piensan bien las cosas. Ejercitan la precaución. Planean las cosas con anticipación y consideran de manera lógica las opciones disponibles. No se dejan guiar por las emociones o la presión. Son disciplinados y muestran autocontrol.

Otras traducciones bíblicas dicen que la persona del Salmo 112 conduce sus negocios equitativamente (NTV) o con justicia (NVI y PDT). Me gusta la palabra honradez porque incluye esas ideas, pero da mayor profundidad a la manera en que lleva su vida.

El buen juicio, la toma responsable de decisiones, la experiencia y la prudencia son más bien rasgos de carácter que deberíamos procurar imitar en nuestra vida a medida que aprendemos a vivir la promesa del Salmo 112, y todas ellas se encuentran bajo el espíritu de sabiduría.

LA SABIDURÍA ES LO MÁS IMPORTANTE

El Salmo 35:27 dice que el Señor "se deleita en la paz [prosperidad] de su siervo" (LBLA). Mencioné este versículo antes, y quizá lo cite después porque necesitamos romper con la mentalidad de que Dios no quiere que prosperemos. Dios se deleita cuando sus siervos prosperan. Hace años, me propuse memorizar este versículo para recordarme que Dios no solamente quiere que prosperemos, sino que, además, se deleita en ello. Dios nos da el poder para obtener bienes a fin de que Él pueda establecer su pacto (Deuteronomio 8:18). Él le dijo también a Josué: "Medita en [mi Palabra] de día y de noche para asegurarte de obedecer todo lo que allí está escrito. Solamente entonces prosperarás y te irá bien en todo lo que hagas". Dios no solamente nos da prosperidad; Él nos da poder (fortaleza, fuerza, capacidad[3]) para obtenerla, la cual viene de diferentes maneras y todas empiezan con sabiduría. Vemos que así es como Dios manifiesta su pacto en la vida de la persona del Salmo 112.

Cuando uno habla de prosperar en la vida, habla de éxito. La sabiduría es la clave del éxito. Sin embargo, con toda la enseñanza que hay sobre prosperidad, bienes, bendiciones y riquezas, muy raras veces he escuchado que la enseñen en conexión con la sabiduría. Mayormente, se enseña que la prosperidad puede llegar a través de un milagro de Dios, de una oportunidad sobrenatural, de ser generosos o a través de la Palabra; y yo creo en todo eso. Lo enseño y lo predico. Sin embargo, la prosperidad: riquezas y honor, viene y permanece con la persona sabia. Por eso recomiendo estudiar el Salmo 112 junto con Proverbios, especialmente Proverbios 8. Este pasaje de la Escritura es otro de mis favoritos y lo leo una y otra vez. Enseña el valor y la importancia de la sabiduría.

Proverbios 4:7 dice, "Lo principal es la sabiduría" (LBLA). Debe memorizar este versículo también. Note que no dice que la fe es lo principal; ni siquiera dice que el amor es lo principal, aunque usted los necesita a ambos.

Dice que la sabiduría es lo principal. Si va a vivir su vida, primero tiene que tener sabiduría.

El hombre del Salmo 112 es notorio por la forma sabia en que trata todos sus asuntos. Si vamos a experimentar una vida próspera de la misma forma que él, nosotros también debemos tener a la sabiduría como nuestra fuerza gruía en nuestra vida. Echemos un vistazo a algunos de los versículos principales en Proverbios 8 para aprender qué significa vivir sabiamente, teniendo a la honradez y la justicia dirigiéndonos en todo lo que hacemos.

CÓMO LE GUIARÁ LA SABIDURÍA A UNA VIDA BUENA

Hay tanta insensatez en el mundo actual. Mucha gente no comprende que obtener sabiduría es una prioridad. Esto es lo principal, lo más importante, fundamental y básico que necesita si va a prosperar. No puede avanzar cuando escucha y aplica necedades. La insensatez lleva a la miseria, la amargura, la confusión, la inestabilidad y a la pobreza. Sin embargo, si usted valora, ama y procura la sabiduría, tendrá una vida buena y feliz. De esta manera:

La sabiduría da buen consejo

Conmigo está el consejo y el buen juicio; Yo soy la inteligencia; mío es el poder.
—PROVERBIOS 8:14

110

La sabiduría le da entendimiento para discernir las cosas de Dios y las cosas del Espíritu. Le ayuda a distinguir cuál es el buen consejo y qué dirección seguir. La sabiduría le da fortaleza (poder, fuerza, capacidad), la cual es la misma fuerza que le da el poder para determinar el camino hacia la abundancia, la prosperidad y el triunfo.

La sabiduría abre paso para que usted gobierne y reine

> Por mí reinan los reyes, y los gobernantes decretan justicia. Por mí gobiernan los príncipes y los nobles, todos los que juzgan con justicia.
> —PROVERBIOS 8:15–16, LBLA

Debido a que todo lo que era un vestigio en el Antiguo Testamento se ha cumplido y completado a través del Nuevo Pacto, sabemos que nosotros (hombre o mujer) somos los reyes, príncipes, nobles y jueces de los que habla este pasaje. Efesios 2:6 dice: "[Dios] nos resucitó, y asimismo nos hizo sentar en los lugares celestiales con Cristo Jesús". Luego, 1 Pedro 2:9 dice: "Mas vosotros sois linaje escogido, real sacerdocio, nación santa, pueblo adquirido por Dios".

Desde el principio, el plan de Dios para nosotros ha sido que gobernemos y reinemos con Él. *Reinar* significa "ser o convertirse en rey o reina", "ser coronado rey o reina". Está cercanamente relacionado con *regir* y *gobernar*.

También significa aconsejar, orientar o reflexionar.[4] *Regir* significa enfrentarse a, tener poder, prevalecer sobre, ejercitar (un derecho), obtener, y tener dominio.[5]

Nuestra vida fue diseñada para vivirla desde esta posición, y es la sabiduría de Dios la que nos devuelve a este lugar. La vida no debería simplemente ser una casualidad para nosotros. Al enemigo no debería permitírsele que entre y salga de nuestra vida a su antojo. La sabiduría de Dios nos da poder para gobernar el territorio que Él nos ha dado, ya sea su familia, negocio o ministerio. La sabiduría nos regresa al lugar donde nosotros gobernamos nuestra vida, donde no vivimos de manera pasiva ni somos dominados por el enemigo, y donde prevalecemos y tenemos poder sobre la dirección de nuestra vida. Este es el dominio que Dios creó para nosotros. (Vea Génesis 1:26.)

Si quiere vivir así, obtenga sabiduría.

La sabiduría se hace fácil de hallar

> Yo amo a los que me aman, y me hallan los que temprano me buscan.
> —Proverbios 8:17

Algunos entienden la palabra *temprano* en este versículo como: temprano en el día, en la mañana o al amanecer. La asumen como que deberíamos buscar la sabiduría a primera hora de la mañana. Eso es cierto. La traducción hebrea incluye ese contexto; sin embargo, también conecta *temprano* con seriedad y diligencia,[6] lo que significa que, si buscamos la sabiduría con seriedad y diligencia, entonces la encontraremos.

Me gustaría aplicar la palabra *temprano* a la duración de nuestra vida. Creo que es mejor buscar la sabiduría en la juventud o a temprana edad, en el amanecer de nuestra vida. Si esperamos hasta que seamos viejos para intentar obtener sabiduría, cometeremos un montón de errores a lo largo del camino que podríamos haber evitado. Deberíamos empezar en la juventud a obtener instrucción y corrección, escuchar buen consejo y obedecer los mandatos de nuestros padres. A medida que crecemos, deberíamos procurar tomar decisiones sabias. No queremos vivir en la miseria, pero lo haremos si no buscamos temprano a la sabiduría. Algunos de nosotros, quienes recibimos la sabiduría tarde en la vida, podemos dar testimonio de esto.

Muchos son miserables. No quieren vivir. Sus vidas son un desorden. No saben qué hacer.

Si usted es así, entonces, permítame decirle que la sabiduría puede cambiar su vida. No importa cómo es, qué tipo de problemas enfrenta: matrimoniales, familiares, financieros, ministeriales o morales, la sabiduría puede cambiar el curso. Con la sabiduría, siempre hay solución. La sabiduría trae soluciones al problema. Ame la sabiduría y la sabiduría le corresponderá ayudándole a volver a la buena vida que Dios diseñó para usted.

La sabiduría trae riquezas, honra y justicia que duran eternamente

> Las riquezas y la honra están conmigo; riquezas duraderas, y justicia.
> —PROVERBIOS 8:18

Vemos todos estos rasgos mencionados en el Salmo 112: riquezas, honra y justicia. El versículo 3 dice: "Bienes y riquezas hay en su casa, y su justicia permanece para siempre". Hablamos de esto en el capítulo 4. Proverbios 8:18 nos da la razón de que esto es cierto para la persona del Salmo 112. Se debe a que tenía sabiduría.

La sabiduría trae riquezas y honra prolongadas y duraderas, no dinero que solamente pasa por sus manos y se va. ¿Cuántas personas conoce que han recibido sumas enormes de dinero solamente para estar en bancarrota poco después? Eso no es sabiduría. La sabiduría los habría guiado a invertir o a emplear una estrategia para que durara.

Cuando Dios dice que Él le da poder para obtener riquezas, no se trata de alguna manera mágica de obtenerlas. Él le da el poder para obtener riquezas porque Él le da de su sabiduría, su Palabra, sus mandamientos, sus estatutos y sus juicios. Si los sigue, puede prosperar.

La sabiduría le da algo mejor que el oro y la plata

> Mejor es mi fruto que el oro, y que el oro refinado; Y mi rédito mejor que la plata escogida.
> —PROVERBIOS 8:19

Este versículo parece contradecir al anterior. Sin embargo, cuando usted tiene conocimiento, entendimiento, sensatez, honradez, prudencia, buen criterio y habilidades para tomar decisiones responsables –el fruto de la sabiduría– obtener riquezas y honra no será problema para usted. Dios lo promoverá. Él confiará más en usted. Él lo llevará ante la gente importante. Tener sabiduría y su fruto es mejor que el oro refinado y la plata escogida.

La sabiduría lo guía en el camino correcto

> Por vereda de justicia guiaré, por en medio de sendas de juicio.
> —PROVERBIOS 8:20

Es importante que ande en el camino correcto. La sabiduría lo pone a usted en el camino correcto. Es como: "Tus oídos oirán detrás de ti una palabra: Este es el camino, andad en él, ya sea que vayáis a la derecha o a la izquierda (Isaías 30:21, LBLA).

¿En qué camino está? La insensatez lo pondrá en un camino de destrucción. La sabiduría lo pondrá en un camino de vida, triunfo y prosperidad. Le guiará en el camino eterno (Salmo 139:24).

La sabiduría llena sus tesoros

Para hacer que los que me aman tengan su heredad, y que yo llene sus tesoros.
—PROVERBIOS 8:21

¿Ama la sabiduría o ama la necedad? Hay quienes no aman ni buscan la sabiduría. Ellos aman la necedad, el chisme, la insensatez, la ignorancia, la rebeldía, la desobediencia y el pecado. Ellos no temen al Señor, y el temor del Señor es el principio de la sabiduría (Proverbios 9:10).

La sabiduría le ayudará a obtener riquezas. Llenará sus bodegas, lo que para la mayoría de nosotros son las cuentas bancarias, despensas, garajes u otras instalaciones de almacenamiento. La sabiduría abrirá las ventanas de los cielos sobre nuestra vida y no habrá espacio suficiente para recibir todo lo que Dios tiene para nosotros.

¿ANDA EN LA SABIDURÍA DE DIOS?

Uno de los problemas con nuestra sociedad es que hay demasiados que carecen de sabiduría y se involucran en necedades. Hablan insensatamente. Toman decisiones absurdas. Se involucran en relaciones insensatas, y esperan prosperar. Cuando las cosas no salen bien en su vida, ellos culpan a Dios. Dicen cosas como: "Dios, ¿por qué permitiste que me pasara esto?". No es culpa de Dios; son las decisiones que toman. Si toman decisiones que no son sabias, se rodean de personas necias y no tienen el temor del Señor, ellos tendrán problemas en la vida. No serán felices.

Proverbios 3:13 dice: "Bienaventurado el hombre que halla la sabiduría, y que obtiene la inteligencia". Usted no puede prosperar tomando decisiones necias. No disfrutará la vida. Se meterá en todo tipo de situaciones problemáticas: adicción, abuso, pecado y mal uso del dinero y los recursos. Usted no querrá estar en un lugar donde empiece a desarrollar amargura, especialmente contra Dios. Estará preguntándose: "Si Dios es un Dios tan bueno, ¿Por qué permite que me pase esto?". Dios lo permitió porque usted lo permitió. Sus decisiones abren la puerta al éxito, la prosperidad, la felicidad y la plenitud; o abren la puerta al fracaso, la pobreza, la miseria y el vacío. Usted no puede tomar decisiones absurdas, llevar un estilo de vida necio y estar rodeado de la influencia de gente insensata y aun así tener la expectativa de prosperar.

"Hay camino que al hombre le parece derecho; pero su fin es camino de muerte" (Proverbios 14:12; 16:25). La insensatez hará que se confunda. Pensará que va por buen camino, cuando en realidad se dirige a la destrucción. Ese es el camino de la persona de doble ánimo, siempre dudando, nunca está seguro. Los que tienen doble ánimo tienen muy poco discernimiento. No pueden tomar consistentemente decisiones sabias y rectas debido a la inseguridad causada por el rechazo y al orgullo que viene de la rebeldía. Temen tomar decisiones y son muy orgullosos para pedir o aceptar consejo sabio. Cuando las cosas no les salen bien en la vida, ellos se amargan y culpan a Dios y a otros por sus dificultades. Los de doble ánimo son gobernados por la insensatez en vez de la sabiduría.

El libro de Proverbios habla mucho acerca de los insensatos: "Los insensatos desprecian la sabiduría y la enseñanza" (Proverbios 1:7); su camino es "derecho en su opinión" (Proverbios 12:15); "No toma placer el necio [insensato] en la inteligencia, sino en que su corazón se descubra" el comportamiento del insensato es despreciable y trae deshonra y afrenta. Los insensatos no andan en la sabiduría de Dios. Son simples y no toman decisiones sabias. No practican la prudencia, ni el control, ni la precaución. Postergar la gratificación no está en su vocabulario. Ellos no estudian, no se preparan, no planifican, ni ahorran. Estas elecciones, mentalidades y comportamientos llevan al camino de la muerte, no al de la vida.

Así que, revise su vida. Dios dice: "Mira, yo he puesto delante de ti hoy la vida y el bien, la muerte y el mal; te mando hoy que ames, que andes en mis caminos, y guardes mis mandamientos, mis estatutos y mis decretos, para que vivas y seas multiplicado. Escoge, pues, la vida" (vea Deuteronomio 30:15–19). Dios se lo ha explicado claramente. Si usted no está prosperando, pregúntese: "¿Estoy caminando en la sabiduría de Dios?".

CÓMO LLEGUÉ A CONOCER LA SABIDURÍA DE DIOS

Hubo una época en mi vida cuando no conocía la sabiduría de Dios. No sabía lo que significaba "conducir mis asuntos con honradez". Tal como muchos de nosotros durante las últimas generaciones, yo venía de un hogar donde no había una figura paterna. Fui criado principalmente por mi madre y una tía. Durante esa época, no se me enseñó la Palabra de Dios. Mi familia no era cristiana. Pertenecíamos a una iglesia, pero en realidad nuestros nombres solo estaban en la lista de miembros. No tuve quien me enseñara lo que decía la Palabra de Dios sobre la manera en que debía vivir. Mucho de lo que aprendí, lo hice por cuenta propia.

Mi redención llegó cuando tenía veinte años, cuando el pastor de la iglesia a la que me uní se convirtió en mi padre espiritual. Él me enseñó y me ayudó en mi andar con Dios. Me enseñó cómo estudiar la Palabra y buscar sabiduría.

A los veintiún años, me casé. Mi esposa y yo hemos estado casados por más de treinta años. Sin embargo, nada de lo que vi venir me preparó para ser un buen padre y un compañero fiel en el matrimonio. Nunca vi esto durante mi crecimiento. No conocía a muchas familias donde hubiera un esposo y una esposa viviendo juntos. Lo que sí conocía eran personas que vivían juntas sin casarse. Sabía de madres solteras que tenían hijos fuera del matrimonio. Sabía de hombres que tenían hijos con diferentes mujeres. Sabía de mujeres que tenían hijos de diferentes hombres. Esos fueron los modelos que vi mientras crecía.

Gracias a la salvación y a un padre espiritual que me enseñó la Palabra de Dios, aprendí la importancia de comprometerme a vivir los principios de sabiduría en la Biblia. Aprendí a ser un esposo y padre fiel. Muchas veces le digo a la gente que aun cuando uno no ha tenido un modelo a seguir, uno puede tomar la decisión de hacer en su vida lo que es correcto según la Palabra de Dios.

Yo iba camino a la miseria, pero gracias a la sabiduría,

mi vida entera dio un vuelco. A veces, las cosas pueden no ser perfectas en la vida; sin embargo, debido a la gracia de Dios, usted no tiene que quedarse siendo insensato y de doble ánimo.

No siempre crecemos viviendo con lo mejor de Dios, pero aún podemos tomar la decisión de hacer algo diferente de lo que los demás han hecho ante nosotros. Obtenga sabiduría, y no deje que la insensatez continúe en su vida. Yo tuve la bendición de tener un padre espiritual que me enseñó sabiduría. Soy bendecido porque la gracia de Dios abrió mi corazón al deseo por su sabiduría. No quiero heredarles a mis hijos la misma carencia de sabiduría que yo viví en mi niñez. Dios orquestó mi vida para que yo pudiera encontrar sabiduría. Él lo hará por usted también.

PIDA SABIDURÍA

> Y si alguno de vosotros tiene falta de sabiduría, pídala a Dios, el cual da a todos abundantemente y sin reproche, y le será dada.
> —SANTIAGO 1:5

A Dios le encanta dar sabiduría. Usted puede recibir un espíritu de sabiduría. Puede recibir una impartición de sabiduría. La Biblia dice que Moisés impuso manos sobre Josué y Josué fue lleno con el espíritu de sabiduría (Deuteronomio 34:9). Rodéese de gente sabia para que pueda recibir una impartición de sabiduría. Imite a líderes, pastores y otras personas sabias que conozcan la Palabra y tengan la sabiduría de Dios. Encuentre un buen asesor de vida, alguien que sea exitoso y validado, alguien que no solo hable, sino que lo viva. Pídale a Dios que lo guíe hacia consejeros sabios.

A Dios le encanta cuando usted pide sabiduría. ¿Cuándo fue la última vez que le pidió sabiduría a Dios? Cuando usted reciba la sabiduría de Dios, tendrá ideas creativas, inventos ingeniosos e innovación. La sabiduría hará que usted tome la decisión correcta respecto a su carrera y le conectará con las personas adecuadas. Le impedirá sabotear su futuro y le evitará caer en la pobreza.

Si usted está teniendo problemas financieros, no es mi intención que se sienta condenado. Esto no se trata de eso. Todos hemos tenido problemas con las finanzas. A todos nos vendría bien una mejora financiera. Pero si usted está lidiando con la pobreza y una mentalidad equivocada respecto a la bendición que Dios ha preparado para usted, quiero que sepa que puede empezar a girar su vida hoy si se compromete a estudiar y meditar en la Palabra de Dios. Pídale dirección a Dios. Siga al Espíritu de Dios. Escuche y obedezca su Palabra. Témale al Señor y practique su Palabra, y usted empezará a tomar decisiones sabias.

Si ha estado involucrado en relaciones insensatas, impureza sexual, adicción a las drogas y otras cosas que no son sabias, arrepiéntase. Pídale perdón a Dios. Dé la vuelta y diga: "Señor, me acerco a ti. Acudo a tu sabiduría y a tu Palabra. No quiero andar de manera insensata. No quiero andar en necedad. Quiero andar en la bendición de Dios".

Observe el giro que da su vida. Quizá no suceda de la noche a la mañana, porque toma tiempo obtener sabiduría, conocimiento y entendimiento. Pero incremente su capacidad para más y más sabiduría, y Dios le dará más. Obtenga libros y léalos. Estudie las Escrituras. Aprenda sobre dar, orar, sobre lo profético y lo apostólico, sobre adoración e intercesión, fe y las cosas del Espíritu de Dios. Aprenda sobre milagros, liberación y sanidad. Todo eso es parte de la sabiduría de Dios.

Aprenda sobre las verdades de Dios. Hágase miembro de una buena iglesia donde se predique la Palabra de Dios y usted pueda recibir enseñanza e instrucción. No vaya a algún lugar solo porque siempre ha ido allí. Si no hay enseñanza e instrucción, debe irse y encontrar una buena iglesia de la Palabra, donde el hombre o la mujer de Dios imparta sabiduría. Cuando usted escuche enseñanza sabia, su vida empezará a dar un giro. La pobreza y la escasez se apartarán de su vida. Sus negocios, finanzas, su carrera y su vida prosperarán.

OBTENGA SABIDURÍA E IMPÁRTALA A LA NUEVA GENERACIÓN

A medida que su sabiduría madure, prepárese para compartirla con los demás, especialmente a los jóvenes. Entregarle la sabiduría de Dios a la nueva generación es una de las cosas más importantes que podemos hacer en el reino, y Dios quiere usarlo a usted para impartírsela a ellos. A medida que crece en sabiduría, podría ser mentor de unas pocas personas que necesitan su ayuda, instrucción, consejo y dirección.

Siendo la sabiduría lo más importante y que tanta gente falla en nuestra sociedad, hay una necesidad por la sabiduría mayor que antes. Dios quiere que usted la imparta a sus hijos, hijas, nietos, la siguiente generación, y a los jóvenes de su iglesia. Dios quiere que ellos reciban sabiduría a temprana edad para que puedan tomar decisiones sabias y llevar vidas exitosas y prósperas. Enséñeles sabiduría para que obtengan bienes, riquezas y honra y, entonces, Dios llenará sus tesoros.

La sabiduría dice: "Si me amas, te amaré. Si me buscas temprano, me encontrarás. Te daré riquezas y honra. Haré que heredes bienes. Llenaré tus cuentas bancarias.

Te daré riquezas". La sabiduría siempre está conectada con la riqueza. Los creyentes como el del Salmo 112 tendrán riquezas y honra debido a que ellos conducen sus asuntos con sabiduría. Ellos también verán esta sabiduría y riquezas multiplicarse en la vida de sus hijos, tanto naturales como espirituales.

En los versículos de apertura de Proverbios 4, el rey Salomón escribió sobre la sabiduría que recibió de su padre, el rey David. Salomón fue el hombre más sabio y rico en la Biblia. Su padre le enseñó el valor de la sabiduría al punto que, cuando Dios le dijo a Salomón que podía pedir cualquier cosa y Dios se la daría, Salomón pidió sabiduría. Los padres, especialmente, son responsables no solo de traer a sus hijos al mundo, sino, además, de enseñarles sabiduría para que ellos puedan vivir como corresponde.

Lo que muchas veces está ausente en la mayoría de los hogares es un padre que imparta sabiduría a sus hijos. Así como David le enseñó a Salomón que el temor del Señor es el principio de la sabiduría, todos los padres deben hacer lo mismo si quieren ver a sus hijos prosperar. Sin embargo, eso puede ser difícil de hacer si el padre no teme a Dios. Usted no puede impartirle a la gente lo que no tiene. Por eso, la Biblia dice: "¡Adquiere sabiduría!" (Proverbios 4:5).

David era un hombre que temía a Dios. Era un hombre

que amaba a Dios. Dios dijo que él era un hombre según su propio corazón. David inculcó en Salomón un amor por la sabiduría de Dios.

La Biblia dice: "Instruye al niño en su camino, y aun cuando fuere viejo no se apartará de él" (Proverbios 22:6). Incúlqueles un amor por la sabiduría cuando todavía son niños. Edifique un fundamento de sabiduría en su hogar. Guíe a sus hijos a buscar la sabiduría tempranamente. Dígales que la sabiduría es lo principal. Es lo más importante. Hágales saber que no les irá bien en la vida a menos que aprendan a tomar buenas decisiones. Hábleles de los errores que usted cometió y de cómo los corrigió. No les oculte esas lecciones. Necesitamos pasar la sabiduría a la siguiente generación a fin de que la bendición de Dios aumente de generación en generación.

La sabiduría debe guiar todos los asuntos y relaciones en nuestra vida si queremos ver que la promesa del Salmo 112 sea el sello distintivo de nuestra vida. La sabiduría es lo primero y fundamental que hace que disfrutemos las bendiciones, el favor y la prosperidad de Dios.

DECLARACIONES ESPECIALES PARA QUE LOS PADRES CRÍEN Y ENSEÑEN SABIDURÍA A SUS HIJOS

Señor, yo declaro: es mi responsabilidad, como padre, enseñarles a mis hijos e hijas, la siguiente generación, la sabiduría de Dios y el temor al Señor. Haré lo que Dios me ha llamado a hacer.

El temor del Señor estará en mi vida.

Señor, me arrepiento de toda manera en que no haya cumplido mi responsabilidad como hombre. Me arrepiento de toda manera en que no haya sido fiel a ser un hombre de Dios. Libértame.

Señor, cuando me acueste por la noche, visítame en sueños. Muéstrame dónde necesito, como hombre, establecer mis responsabilidades hacia mi esposa y mis hijos.

PARA EL HOMBRE QUE HA HUIDO DE SU RESPONSABILIDAD HACIA SU FAMILIA

Señor, acudo a ti y me arrepiento de tratar de huir de mis responsabilidades como padre. Rompo toda maldición de bastardía, y ato las obras del enemigo que impiden que yo sea el hombre de Dios que mis hijos merecen.

Líbrame y libértame, Señor.

Señor, envía avivamiento a mi vida. Despierta mi rectitud.

Permíteme surgir y convertirme en padre. Deja que me convierta en un hombre responsable, un hombre que te teme.

Que pueda humillarme ante ti, Señor, para aprender tus caminos y servirte fielmente todos los días de mi vida.

ORACIONES PARA PEDIR EL ESPÍRITU DE SABIDURÍA

Padre, que tu espíritu de sabiduría sea liberado sobre mi vida, en el nombre de Jesús.

Recibo la sabiduría de Dios y el temor del Señor. Permite que sean parte de mi vida.

Guíame y dirígeme para tomar decisiones sabias. Enséñame la sabiduría de tu Palabra.

La sabiduría es mi compañera. Ella me bendecirá, protegerá, exaltará y promoverá.

La sabiduría es lo principal.

Recibo sabiduría: la sabiduría de la Palabra y el espíritu de sabiduría.

Jesús es mi sabiduría. Él está en mi vida.

Recibo la sabiduría celestial para andar en esta tierra.

Señor, dame la paz y la prosperidad que resultan de ser sabio.

Que tu sabiduría aumente en mi corazón para que puedas hacer grandes cosas en mí en los días venideros.

Gracias, Señor, por bendecirme con sabiduría.

ORACIONES Y DECRETOS PARA QUE LOS JÓVENES ENCUENTREN SABIDURÍA

Permite que los jóvenes busquen tempranamente la sabiduría.

Déjalos que, al igual que Daniel y José, tengan sabiduría a temprana edad para interpretar sueños y entender el ámbito de los sueños.

Permite que los jóvenes tengan sabiduría como Daniel y José, quienes tenían diez veces la sabiduría de todos los astrólogos de Babilonia.

Que Dios les dé sabiduría diez veces mayor que la sabiduría del mundo.

Que Dios les permita andar en la sabiduría de lo profético y los profetas.

_____

Que Dios les permita prosperar.

_____

Padre, te alabo y agradezco por hacer grandes cosas en la vida de ellos.

_____

Lo decreto. Lo profetizo. Lo digo en el nombre de Jesús. Amén.

Capítulo 7

JUSTO PARA SIEMPRE

Por eso jamás llegará a caer. ¡El hombre
justo será siempre recordado!
—SALMO 112:6, DHH

LA PERSONA DEL Salmo 112 es inflexiblemente justa.
Su justicia perdura. Resiste. Soporta a través de pruebas y
dificultades. Esta persona hace siempre lo que es correcto.
No titubea. Él no hace lo correcto a veces, y otras, lo
malo. Para él, hacer lo correcto no es difícil. Cuando se
trata de lo bueno o lo malo, no tiene que elegir; él ya ha
decidido que hará lo bueno. Cuando surgen cosas malas,
no se abruma con la tentación, porque ya ha determinado en su corazón que hará lo bueno.

La razón por la que la gente lucha con la tentación,
no puede superar algunas cosas y siempre termina haciendo lo malo se debe a que no han determinado en su
corazón ni tomado la decisión de que cuando lo bueno
y lo malo surge, no hay alternativa. La persona estable,
por otro lado, ya sabe que va a escoger lo correcto. No
tiene que quedarse allí intentando descifrar qué camino

tomar. Ya ha tomado la decisión de que defenderá lo que es correcto y santo.

Como creyente determinado, si ve algo que no le pertenece y algo le dice: "róbalo", esa no es una opción. Usted ya ha tomado la decisión de que no es un ladrón. Usted hace lo correcto. Tiene éxito consecuente en esta área porque no espera hasta llegar al punto de la tentación para hacer una elección. Usted ya ha decidido anticipadamente que hará lo que es correcto. Está definido y su corazón está tan asegurado (versículo 8) que hará lo bueno. Al igual que la persona del Salmo 112, su justicia permanecerá para siempre (versículo 9).

La razón por la que predico esto tan fuertemente se debe a que veo a tantos ir de arriba abajo. Les va bien por un tiempo y, luego, recaen. Como creyentes, deberíamos procurar llevar un estilo de vida consistente. Nuestra justicia debería permanecer para siempre.

Su justicia, ¿se extiende más allá de una temporada? ¿O tiene doble ánimo, en un momento le va bien, en el siguiente, algo pasa y lo bota? Eso no es estabilidad. Eso es doble ánimo.

Claro está, todos luchamos; pero recuerde que ese no es el objetivo: solo pasarla y mantenerse luchando; estar encendido por Dios un minuto y totalmente rendido y desanimado el siguiente, viviendo como los malvados. Nuestro objetivo es volvernos firmes, inamovibles, determinado, fijos en Dios.

¿QUIÉN ES JUSTO?

Estoy convencido que la mayoría de los cristianos no entienden las características del justo. Unos piensan que una persona justa es alguien que hace el bien a veces, pero otras no. Piensan que la rectitud se trata de ser "básicamente bueno". Luego, podrían compararse a sí mismos con alguien que hace lo peor. Eso les da una falsa sensación de bondad y se colocan a sí mismos en la categoría de "justos". Siempre va a encontrar alguien que es peor que usted. Si fornica con una persona, siempre encontrará a alguien que lo hace con dos. Es fácil mirar a alguien que está en completa rebeldía y decir: "Bueno, yo no soy tan malo".

Si hemos de aprender a vivir la promesa del Salmo 112, necesitamos saber cuál es el estándar. ¿Quién es justo, y cómo es? Ya que muchos en la iglesia están atados por el doble ánimo, necesitamos redefinir quién es una persona verdaderamente piadosa y recta. Lo primero que necesitamos saber es que esta persona ha sido redimida por Cristo. Ha aceptado, por fe, su sacrificio en la cruz y se ha convertido en una nueva criatura. Regresaré a esto. Segundo, esta persona ha sido libertada. Ha pasado por la liberación y sabe cómo librar una batalla espiritual efectiva para mantener su posición en Cristo. Uno no puede estar atado al pecado y ser justo.

La palabra hebrea para "*justo*" es *tsaddiyq*.[1] Significa legal y justo en gobierno, es la causa de una persona, en conducta y carácter, y "como recto y justificado por Dios". También significa recto y correcto. Una persona justa es aquella que "mantiene la rectitud y dispensa justicia".[2] En el capítulo anterior, discutimos la rectitud en lo que se relaciona a la honradez y la sabiduría. La justicia también se refiere a una persona "que dice lo que es recto y verdadero": honestidad.[3] Los rectos son justos hacia los demás y obedientes a las leyes de Dios. Son "derechos, honestos, virtuosos, devotos".[4] Son moderados y sobrios en lo que comen y beben, les encanta la verdad y la sabiduría y hacen el bien.[5] No transigen en lo que se refiere a hacer lo correcto. Según la palabra hebrea para "*siempre*", el creyente justo del Salmo 112 es perpetuo, continuo, indefinido, sin fin y eterno. Su justicia es incorruptible.[6]

Los justos han tomado la decisión de andar con Dios, no volver atrás, jamás. Cristo los justificó y los puso a cuentas y, ahora, están en buena relación con Dios. Sus pecados han sido cubiertos por la sangre de Jesús. Están siendo perfeccionados y santificados por el Espíritu de Dios. Andan según el Espíritu y la sabiduría divina. Y ellos no harán nada para poner en riesgo esta posición.

Justo para siempre

Ellos saben que el pecado y la injusticia los separa de Dios. La conexión con Dios significa todo para ellos, sin importar lo que mamá, papá, amigos, cónyuge, hijos o amigos de la iglesia piensen, ellos se mantendrán plantados y firmes en Dios. Su estándar es: "Puedes hacer lo que quieras, pero en lo que a mí y mi casa respecta, serviremos al Señor" (vea Josué 24:15).

La tentación y los ataques del enemigo no sacuden ni preocupan a los justos. Ellos mantienen un nivel de paz y confianza porque le creen a Dios cuando dijo: "Ningún arma forjada contra ti prosperará" (Isaías 54:17, LBLA). Las cosas sencillas no los tientan porque su mente está fija en las cosas de Dios. Ellos saben que, así como piensan, serán (Proverbios 23:7). Su mente está convencida de quienes son y lo que hacen, y todo se centra en honrar y complacer a Dios. Cuando el diablo se acerca a ellos, dicen: "Mira, no sé por qué me vienes con eso. Hace diez años que tomé una decisión y la respuesta sigue siendo no". Así es como responde al enemigo un individuo devoto, recto, firme, cuyo corazón está asentado.

Hay mucha gente inestable, de doble ánimo en la iglesia. Su corazón no está asentado. Su mente no ha sido asentada. Todavía luchan con las mismas cosas y problemas con los que lucharon hace cinco años. ¿Quién quiere llevar una vida llena de inestabilidad? ¿Quién quiere estar de arriba abajo? ¿Quién quiere estar entrando y saliendo?

Si usted desea realmente la bendición del Señor, deléitese en la ley del Señor, tome la decisión de hacer siempre las cosas a la manera de Dios y viva según el estándar de Él. No marca ninguna diferencia cuántos otros no quieren vivir así. Aunque tenga que ser el único del grupo, determine que usted va a vivir correcta y limpiamente. Piense en Lot.

Lot, el sobrino de Abraham y hombre justo, vivía en la ciudad de Sodoma con su esposa y sus dos hijas. La maldad de la ciudad se puso tan mal que llegaron ángeles para rescatar a Lot y a su familia. Los hombres de la ciudad querían acostarse con los ángeles. Cuando los hombres tiraron la puerta, Lot dijo: "Les enviaré a mis hijas". Y ellos respondieron: "No queremos a tus hijas. Queremos a los hombres". (Vea Génesis 19.) Eso es estar perdidos. Y los ángeles tuvieron que cegarlos a todos solo para sacar a Lot y su familia de la ciudad.

¿Se imagina? ¿Podría usted ser inflexiblemente justo viviendo en Sodoma, donde todos están pervertidos y su familia es la única recta en toda la ciudad? ¿Ha tomado la decisión de no seguirle la corriente a la multitud, que solo porque todo el mundo está haciendo algo, no significa que sea para usted? Le tengo noticias: Solo parece que todo el mundo se está saliendo con la suya, nadie se sale con la suya en nada. Dios tiene un estándar y Él es un juez justo.

Por eso, yo medito en el Salmo 112 una y otra vez. Confieso delante de Dios que este es el tipo de hombre que yo quiero ser. Quiero ser un hombre estable, firme, asentado, cuyo corazón confía en Dios. Quiero ser un hombre inflexiblemente justo. Quiero ser un hombre bendecido. Quiero tener bienes y riquezas en mi casa.

UN PRESAGIO DEL ÚNICO HOMBRE NUEVO

La promesa del Salmo 112 es real y verdadera. Podemos verlo desde el Antiguo Testamento hasta el Nuevo Testamento, la rectitud de este hombre permaneció y fue recordada aún en tiempos de la iglesia primitiva. Vea 2 Corintios 9:9: "Él [la persona generosa y benevolente] esparció, dio a los pobres; su justicia permanece para siempre" (LBLA, énfasis añadido). Pablo hablaba del hombre de Salmo 112. Este versículo hace referencia al Salmo 112:9: "Reparte, da a los pobres; su justicia permanece para siempre; su poder será exaltado en gloria". Aunque discutiremos al hombre recto y su generosidad en el capítulo 9, quiero señalar el significado de su ser mencionado en la carta de Pablo a los corintios, lo que me lleva de vuelta al punto sobre la persona recta volviéndose una nueva creación en Cristo.

Cuando estudiaba la manera en que los apóstoles interpretaron las escrituras del Antiguo Pacto y las aplicaron a la iglesia del Nuevo Testamento, empecé a ver que este hombre del que se habla en el Salmo 112 es una figura profética o presagio del hombre nuevo ("De modo que si alguno está en Cristo, nueva criatura es" [2 Corintios 5:17]). Nosotros somos un nuevo hombre. (Vea Efesios 2:14–16.) Cuando usted nace de nuevo, se convierte en una nueva persona. Se convierte en una nueva criatura. Se convierte en una persona recta. Usted acepta la justicia de Dios que es en Cristo.

Entonces, aunque se cita en el Salmo 112, durante el Antiguo Pacto, es una figura profética de la iglesia. A la iglesia en Corinto se le dijo que diera según la palabra en el Salmo 112. Todas las palabras proféticas del Antiguo Testamento se cumplieron con la venida de Cristo. Todo en el Antiguo Testamento era una imagen profética de algo nuevo que Dios iba a hacer: nueva criatura, nueva creación, nuevo hombre. Su único nuevo hombre es la unión de los judíos y los gentiles. Esto nuevo que Dios estaba a punto de hacer fue profetizado en el Antiguo Pacto. Somos el resultado de la expresión profética anunciada hace miles de años, la cual fue cumplida en Cristo. Como ya lo he señalado, como la justicia de Cristo, podemos justamente reclamar las bendiciones del Salmo 112. Nosotros somos el hombre (o la persona) del Salmo 112.

¿HA PENSADO EN JOB?

Job es otra imagen del hombre del Salmo 112. La mayoría sabe solamente que Satanás atacó a Job y que él lo perdió todo. Saben que él era un hombre justo. La Biblia lo llama un hombre perfecto: "recto, temeroso de Dios y apartado del mal" (Job 1:1). No había nadie como él en toda la tierra. Él era el ejemplo más destacado de un hombre recto en su generación. Sin embargo, ¿qué lo hacía justo? No era que guardara algunas leyes, reglas, regulaciones o algunas "cosas religiosas". Vea, las cosas religiosas no lo hacen justo. Tampoco se debía a que estaba bajo la Ley.

Job es el libro más antiguo en la Biblia. Algunos eruditos creen que Job fue antes que Abraham, así que él no tenía los Diez Mandamientos para guiarlo. Él no fue considerado justo porque siguiera la Ley de Moisés o porque llevara todo sacrificio y cumpliera con cada detalle de todas las reglas. Él no pudo haber sabido eso.

Aquí no hablamos de legalismo. No hablamos de tratar de hacer todo perfectamente y juzgar a todos como lo hicieron los fariseos en los días de Jesús. Ellos tenían un libro de reglas y regulaciones que listaban una cierta distancia que le era permitido caminar en el Sabat. Algunas de nuestras iglesias más tradicionales solían ser así en el pasado: no vas a un show, no te pongas maquillaje y no mires televisión más de veintiún minutos al día. Uno podía volverse loco tratando de guardar el libro de reglas. Ya que Job no tuvo uno, sabemos que lo bien que guardara la ley no fue lo que Dios usó para determinar la rectitud de Job.

El capítulo 29 de Job contiene el secreto de su rectitud. Es uno de mis capítulos favoritos del libro de Job porque da una imagen de Job antes de que el enemigo lo atacara: la imagen de un hombre justo.

Job servía a Dios desde su juventud (versículo 4)

Si quiere ser bendecido, empiece a servir a Dios cuando es joven. Descubrimos algo similar sobre la sabiduría. La sabiduría y la rectitud están conectadas. No espere hasta que tenga noventa y cinco años, cuando vea al ángel de la muerte a la vuelta de la esquina. Sirva a Dios mientras es joven.

Job era próspero (versículo 6)

Confieso Job 29:6 como una de mis declaraciones de prosperidad: "Que mis pasos se bañen en leche. Que la roca me derrame ríos de aceite". La leche representa prosperidad. El aceite representa la unción. Job estaba ungido para prosperar.

Job era influyente (versículos 7–10)

Cuando Job aparecía, todos se callaban. Él fue respetado. Fue un hombre poderoso. Fue un hombre justo. Dios lo había exaltado.

Job se preocupaba por la gente que no tenía quién le ayudara (versículos 12–13)

Job no se quedaba solo en palabras, él cumplía lo que decía. Libertaba al pobre y al huérfano. Era el hombre más rico que existía (Job 1:3); sin embargo, era compasivo. No pensaba que era mejor que el pobre. Nunca pasó cerca de ellos y dijo: "Mírenlos". Él también cuidaba de las viudas.

Muchos afirman ser justos, pero ¿qué hacen? ¿Tienen obras? ¿Hablan en lenguas? Eso está bien. ¿Alzan la voz? Eso también está bien. Sin embargo, ¿qué hay de darle al pobre, a las viudas, a los huérfanos? ¿Qué hay de sacar de su dinero y ayudar a los desvalidos? ¿Estos que se autodenominan justos hacen algo de eso? ¿O pasan cerca de la gente y dicen: "Mírenlos"? ¿Se burlan de la gente y la humillan? Eso no es ser justos.

Una persona justa es misericordiosa y está llena de compasión. Una persona justa tiene clemencia. Una persona justa comprende que Dios le dio todo lo que tiene. Es la bendición de Dios sobre su vida. No se atreve a ver a otras personas, quienes están hechas a imagen de Dios y las maltrata, abusa y oprime. No puedo decir que amo a Dios, a quien no veo, si no puedo amar a mi hermano, a quien sí veo.

Job fue un padre para los pobres (versículo 16)

La gente pobre necesita padres. Hay tanta pobreza en los barrios desfavorecidos porque hay pocos padres. Le agradezco a Dios por lo que han hecho las madres. Ellas han hecho una gran obra. Sin embargo, necesitamos que se levanten hombres y sean padres. Necesitamos hombres que se pongan de pie y sean padres para el pobre, que no solamente cuiden de sus propios hijos, pero que también cuiden de los de alguien más. No sé dónde estaría si no fuera por mi padre espiritual, quien vio valor en mí hace poco más de cuarenta años. Yo era pobre no solo financieramente, sino también en espíritu, sabiduría, conocimiento y entendimiento. Los hombres justos juegan el papel de padre para quienes necesitan un ejemplo santo.

Job es el mismo tipo de individuo del que habla el Salmo 112. Él derramó la sabiduría que Dios le dio tanto en su simiente natural como espiritual, y Dios incrementó ambas.

Aquí hay un hilo de la persona justa, el creyente del Salmo 112. No le es suficiente obtener las bendiciones de Dios, tiene que compartirlas. Debe distribuir la riqueza de las bendiciones del reino de Dios a todos los que tengan necesidad espiritual, emocional y financiera. Su compasión por el débil y el afligido le impulsa a distribuir su riqueza. Así es como cumple con los mandatos de Dios, lo cual se resume a "amarás al Señor, tu Dios, con todo tu corazón, con toda tu alma y con toda tu mente...Amarás a tu prójimo como a ti mismo" (Mateo 22:37–39).

Job fue un hombre inflexiblemente recto. No es de sorprenderse que Dios alardeara de él y preguntara: "¿Has pensado en mi siervo, Job?" (Job 1:8). Él ayudó a los pobres, a los huérfanos y a las viudas. Trajo liberación. Fue compasivo. Fue piadoso desde su juventud. Y, así, Dios presumió de él y dijo: "No hay nadie como él en toda la tierra". El diablo pensó que si Dios removía el cerco que lo rodeaba, Job lo maldeciría. Sin embargo, Job, estando asentado y firme en Dios, nunca maldijo a Dios, ni una vez. Aun cuando su esposa empezó a proferir incoherencias, diciendo: "Maldice a Dios y muere" (Job 2:9), él se mantuvo recto ante los ojos de Dios. Él conocía al Dios que servía.

Quizá usted no siempre comprenda lo que sucede, pero nunca le dé la espalda a Dios. Si usted se mantiene firme, cuando todo haya terminado, Dios podría bendecirlo con el doble de lo que tuvo antes, tal como lo hizo con Job (Job 42:12). Dios es un Dios de restauración.

¿LO HA CONSIDERADO DIOS A USTED?

La idea de que Dios presumió de Job y que podría potencialmente presumir de cualquiera de nosotros puede ser aterradora. Si Dios dijera: "Diablo, ¿has considerado a mi siervo, Juan o Marta o María?", alguno de nosotros diría: "No, no, espera, Señor. No soy tan bueno en realidad".

Aunque quizá no queramos enfrentar el tipo de ataque que le sobrevino a Job, sí queremos tener el favor y la aprobación de Dios. Y, así, cuando leo el Salmo 112, me comparo a mí mismo con eso. Luego, me pregunto si Dios puede decir de mí lo que dijo de Job, que no hay nadie como yo. ¿Sobresalgo de entre la multitud?

Algunos quieren ser parte de la multitud. No sé de usted, pero yo no quiero ser como todos los demás. No quiero ser común. No quiero ser normal. Quiero estar arriba del promedio en Dios. Quiero que Dios me señale y diga: "Ahora, allí hay alguien, justo allí. Hay un hombre justo y recto".

Dios siempre identificará a ciertas personas. En la Biblia, vemos la mano de Dios sobre personas como Daniel, José, Job e individuos que fueron fieles y rectos. Dios siempre los señaló. Él marcó a David como el hombre con un corazón como el suyo (Hechos 13:22).

Yo quiero que Dios pueda marcarme como un hombre

justo. No quiero que marque mi estándar como el de mi generación. Nuestros estándares han disminuido mucho. Yo quiero sobresalir en mi generación como un hombre recto, uno que teme y confía en Dios, uno cuyo corazón está firme. Quiero dar. Quiero esparcir para el pobre. Quiero ayudar. Quiero bendecir a los demás.

Puedo escuchar los pensamientos limitantes de los religiosos: "No hay nadie que sea justo. No, ni uno. Todos somos gusanos. Todos hemos pecado". Cuando digo "perfecto" o "justo", no estoy diciendo que usted no cometa errores. Perfecto significa íntegro. Significa desarrollado y maduro.

Dios quiere llevarnos a un nivel donde andemos en amor, donde no seamos tacaños o egoístas, donde no pongamos todo en nuestros bolsillos y donde no descuidemos a los lastimados. Desde nuestro lugar piadoso y justo, velamos por la gente. Velamos los unos por los otros. Tenemos cuidado los unos de los otros. Somos compasivos. Misericordiosos. Clementes. Rectos. Generosos. Confiamos en Dios. Nuestro corazón está firme. Somos inamovibles. Conocemos y guardamos el estándar de Dios. No somos sacudidos por lo que va o viene. No cambiamos con la época. No cambiamos con la corriente. No tenemos doble ánimo. Somos estables. Somos firmes. Hemos tomado la decisión de andar conforme la ley de Dios. Vamos a hacer lo que Dios diga.

Sabemos que somos nuevas criaturas en Cristo. Estamos determinados a permanecer inflexiblemente rectos.

UN ESTÁNDAR MÁS ALTO

Nunca permita que lo que la gente diga le detenga de hacer lo que es bueno. Nunca permita que una persona malvada le impida ser la persona recta que usted debe ser. Nunca permita que lo desanimen o lo frustren. Mantenga sus ojos en el Señor. Determine que usted no será sacudido por los malvados, envidiosos, mezquinos, egoístas, tacaños, perversos ni los infames que se burlan de los rectos. Permanezca misericordioso y perdonador, pero sepa que usted está por encima de toda esa basura. Usted vive por encima de eso, no en eso ni debajo de eso. Usted tiene un estándar más alto. Tiene la Palabra de Dios. Tiene el amor de Dios. No permita que la gente lo arrastre hacia sus estándares. Hágale saber que usted lleva una vida limpia, que cree en la santidad y que no habla de los demás. Usted no lleva un estilo de vida andrajoso ni infame. Usted no se emborracha. No es perverso. Usted tiene un estándar más alto. No lo comprometa.

Usted es inflexiblemente recto. Eso fluye desde adentro, del Espíritu Santo. Usted podría preguntarse: "¿Por qué no puedo ser como todos los demás? ¿Cómo se salen con la suya?". Usted sabe cómo es para usted: si dice algo malo, es redargüido. Si lastima los sentimientos de alguien, dice: "Por favor, perdóneme". Algunos pueden pasar por encima de otros, incumplir sus promesas y no sienten nada. Usted no. Usted tiene un estándar más alto.

Usted es salvo. Ama a Dios. Nunca se disculpe por eso. Usted no puede hacer lo que hacen todos. A veces, podría clamar. Sentirse solo, preguntando: "¿Por qué no puedo ser un perro? ¿Por qué no puedo correr con la manada?". Dios no lo llamó para ser un miembro de la manada. Él lo llamó a ser un águila. Usted vuela solo. Remonta con alas como las águilas. No es perro ni pollo. No se junta en manadas. Dios llamó a Abraham a salir de su familia y le dijo que se fuera solo. Prefiero ser bendecido solo que maldito en grupo.

En este mundo, hay un costo por ser inflexiblemente recto, pero Dios quiere que sepa que hay más como usted. No está solo. Hay un remanente de creyentes que quieren tan ansiosamente como usted amar a Dios y vivir según sus estándares. Sin embargo, ya sea que los conozca o no, sepa que usted está llamado a resistir y a permanecer justo por siempre. Él está con usted. Él puede hacer que la gracia hacia usted abunde, que siempre tenga toda la cantidad suficiente en todas las cosas.

DECLARACIONES PARA PERMANECER
INFLEXIBLEMENTE JUSTO

Echo fuera al espíritu de manada. No correré con la multitud. Seré audaz y tendré el valor para resistir. Cuando digo "no" al pecado y a la injusticia, quiero decir "no".

Le hablo a la audacia para resistir contra los malos, desquiciados, que se burlan de la justicia de Dios en mí. Todos ellos pueden abandonar a Dios si quieren. Yo los amo, pero ni siquiera ellos podrán hacerme caer de mi posición en Dios.

Soy inflexiblemente recto. No cederé. Seré generoso. Seré compasivo y lleno de misericordia y clemencia.

Gracias, Señor, por hacerme una nueva criatura.

Gracias, Señor, porque el estándar que tengo es más alto que el promedio.

No temo. Mi corazón está firme. No tendré doble ánimo. No dudaré. Estaré firme e inamovible, siempre abundando en la obra del Señor.

Gracias, Señor, por bendecirme y exaltarme con honor.

Gracias, Señor, por salvarme y protegerme.

Me pongo a mí mismo en un trayecto de justicia. Viviré según tus estándares todos los días de mi vida.

Perdóname, Señor, si alguna vez he dudado, vacilado o cedido.

Quiero ser estable. Quiero estar firme. Quiero ser consistente y fiel.

Gracias, Señor. Seré un creyente como el del Salmo 112 todos los días de mi vida.

Capítulo 8

FIRME Y ASENTADO

No tendrá temor de malas noticias; su
corazón está firme, confiado en Jehová.
Asegurado está su corazón; no temerá, hasta
que vea en sus enemigos su deseo.
—Salmo 112:7–8

El temor es una de las principales características de
la personalidad de rechazo de los de doble ánimo. Los
creyentes como el del Salmo 112 no son personas temerosas. No temen a las malas noticias ni a las corrientes
malignas. Ellos tienen grandes expectativas sobre su vida
porque han puesto su confianza en el Señor.

No podemos prosperar si hay temor en nuestra vida. El
temor nos inmoviliza y nos impide vivir en libertad y paz.
El temor toma muchas formas. Los tipos más comunes
de temor entre los creyentes incluyen los siguientes:

- Temor al rechazo

- Temor a la autoridad

- Temor a las personas

- Temor de ser lastimado

- Temor a la confrontación

- Temor a Jezabel

- Temor a Dios

- Temor al fracaso

- Temor a perder su salvación

- Temor de ir al infierno

- Temor a los demonios

- Temor a la brujería

- Temor de estar solo

- Temor de casarse

- Temor a que le roben

- Temor de estar sin dinero

- Temor de no casarse

- Temor de no tener suficiente

- Temor para no unirse a una iglesia

- Temor para unirse a una iglesia

- Temor a dejar la iglesia

- Temor al pastor
- Temor al liderazgo

Todos los temores y las fobias son parte de la personalidad de rechazo. Dios no quiere que seamos personas temerosas. Cuando usted es temeroso, se retrae, esconde y huye porque no quiere ser lastimado o que se aprovechen de usted. Como una tortuga, usted se mete en su concha. Como un avestruz, mete su cabeza en la arena. Levanta un escudo y una defensa. No quiere que nadie se acerque. No se abre. Levanta muros. Se aísla porque no puede confiar en nadie.

Eso no es prosperidad. La prosperidad es tener buenas relaciones, no ser un solitario y estar aislado. La Biblia dice que los creyentes como el del Salmo 112 no temen porque su corazón está firme, confiando en el Señor. Ellos no dudan, no vacilan ni luchan con la incredulidad. Ellos confían en Dios. Su corazón está firme en Dios.

Esta es la clave para tener una mentalidad estable. Si vuelve a Santiago 1:5–7, dice: "Si alguno de vosotros tiene falta de sabiduría, pídala a Dios, el cual da a todos abundantemente y sin reproche, y le será dada. Pero pida con fe, no dudando nada; porque el que duda es semejante a la onda del mar, que es arrastrada por el viento y echada de una parte a otra. No piense, pues, quien tal haga, que recibirá cosa alguna del Señor". En otras palabras, una persona que duda, que tiene doble ánimo, es alguien que a veces confía en Dios y otras veces, duda porque su corazón no está firme. Esto vuelve a ser un problema del corazón.

El corazón del creyente del Salmo 112 está asentado. Este individuo cree en Dios sabiendo que Él es su protector y libertador. Los creyentes como el del Salmo 112 no tienen que preocuparse de lo que venga en su contra. Ellos saben que, si Dios es con ellos, ¿quién contra ellos? (Vea Romanos 8:31.) Estos creyentes están asentados y confiados, no en sí mismos, sino en Dios. Así es como todos deberíamos querer vivir. No deberíamos ser lanzados de un lado a otro por las olas de la vida.

Un corazón asentado está firme, y como dije antes, la decisión de hacer lo correcto ya ha sido tomada por adelantado y no pude ser cambiada ni alterada. La palabra *asentado* me recuerda los cimientos de una casa, cómo se asientan profundo, en la tierra. Cuando vienen los vientos y las corrientes, la casa no se mueve ni tiembla porque ha sido asentada.

No puede tener un caminar próspero con Dios sin estar asentado y firme. Cuando le examinan su corazón físico, los técnicos y doctores buscan un latido consistente. Cualquier irregularidad causa preocupación.

Podría significar que usted necesita cualquier cantidad de intervenciones médicas de emergencia.

Dios busca lo mismo: un latido consistente por Él: gozoso, pacífico, estable; recto, santo, estable; benigno, estable; compasivo, estable; misericordioso, estable; fiel, leal, estable; amoroso, estable; consistente en su generosidad, adorador, asistencia, compañerismo…un mes tras otro, año tras año.

¿Puede decir eso de sí mismo? Si no, necesita liberación. La sanidad y la liberación del Señor pueden traer estabilidad a su vida. Usted no puede prosperar sin abordar esta área en su vida. La estabilidad, firmeza y determinación son los núcleos y el fundamento de la vida de un creyente próspero. No puede edificar nada más duradero sin estabilizar esta área. La Biblia dice que una persona de doble ánimo es inestable en todos sus caminos. Eso significa que no prosperará a largo plazo a menos que primero se vuelva estable y firme en su corazón.

SUBSISTENCIA

Las personas de doble ánimo cambian con facilidad. Las cosas les sacuden fácilmente. Se deprimen y desaniman con facilidad. Cuando algo les ataca, tienen dificultad para manejarlo. Muchas veces, su único remedio es cerrarse y apartarse de todo y de todos, a veces, durante semanas. No quiero decir con esto que no haya veces en que Dios le guía a apartarse de todo para orar y buscarlo a Él. Pero los de doble ánimo son más que esto. Las dificultades de la vida los abaten y los confunden a tal punto que no pueden soportarlo. Se agotan. Dejan de ir a la iglesia y de recibir o responder las llamadas y visitas de amigos y familiares que se preocupan por ellos. Son dominados. Estos son los mismos que, hace tan solo una semana o el mes pasado, estaban decretando y declarando la Palabra, alzando su voz, adorando y encendidos por Dios. ¿Qué pasó? Ellos no tienen lo que se solía llamar "subsistencia". Algo los impacta, y cambian, se deprimen, se desaniman, y se rinden por un tiempo.

Todos lidiamos con la vida; sin embargo, este comportamiento no es parte de la personalidad del creyente del Salmo 112: el hombre estable. La Biblia dice que él no será afectado, ¡nunca! Qué afirmación tan poderosa. Este hombre es inamovible, firme.

Ahora bien, comprenda que esto no se trata de ser tan poderoso que nada lo perturba. No existen los supersantos. Sin embargo, a veces, cuando usted está siendo afectado, sacudido o se llena de duda, podría preguntarse algo como lo siguiente:

- ¿Dios me ama?

- ¿Soy verdaderamente salvo?

- ¿Lo lograré?

- ¿La Palabra funciona verdaderamente?

- ¿Escuché realmente a Dios?

- ¿Estoy en la iglesia correcta?

Si se encuentra haciéndose preguntas como estas, entonces usted ha sido sacudido, y eso no es bueno. No es santo. No es la característica de un creyente como el del Salmo 112. La Biblia dice: "Estad firmes y constantes, creciendo en la obra del Señor siempre" (1 Corintios 15:58). Sea consistente. Sea inquebrantable.

Durante mis más de treinta años como creyente, yo también he experimentado fuertes desilusiones en varios momentos. A veces, no quería levantarme. Dormía todo el día y no tenía entusiasmo por el día siguiente. ¿Qué creyente no ha pasado por eso? Podríamos sentir que esto no es tan malo o pecaminoso como lo que hacen otros. Pensamos: "Bueno, no estoy fumando, bebiendo, mintiendo, maldiciendo, fornicando...". Aun así, piénselo: estar completamente tumbado por algo en la vida no es la marca de alguien estable. Es una reacción de doble ánimo ante algo que le sucedió, algo que alguien le dijo a usted o que dijo de usted.

El peligro de esto es quedarse atorado en una vida que Dios no quiere para usted. Tal como descubrimos,

Dios quiere que sea feliz, exitoso y próspero. Su vida abundante es prueba de que el pacto de Dios es verdadero. Cuando usted vive en un estado de duda e inseguridad, da lugar para que el enemigo venga y se establezca en su vida. El subproducto de estar firme y asentado es la victoria sobre demonios como insensatez, destrucción, postergación y confusión. Como lo señalé en un capítulo previo, estos son ladrones de destino y prosperidad.

CUIDADO CON LA CONFIANZA EN SÍ MISMO

El doble ánimo alimenta la incredulidad, inseguridad, deslealtad, preocupación, duda y temor; mayormente temor a que Dios no se manifestará, que Él no es digno de confianza y que sus caminos nos apartarán de la felicidad y la bondad. Las mentiras que forman la personalidad de doble ánimo son mortales para nuestra vida espiritual. El doble ánimo es una fortaleza y una imaginación que se levanta contra el conocimiento de Dios (2 Corintios 10:4–5), su carácter y sus caminos.

Por esto, recurrimos al hombre del Salmo 112. Él sabe que su Dios es el Señor. Ha vencido las mentiras del doble ánimo. Conoce el corazón y el pensamiento de Dios hacia él, que sus intenciones y planes para él son buenos (Jeremías 29:11). Él no duda ni vacila en esto.

Sin embargo, algunos de nosotros tenemos dificultades

cuando llegan los problemas. Nos sentimos ansiosos, y para ver que algo suceda en nuestra vida, tenemos que hacerlo nosotros. Quitamos las situaciones de las manos de Dios y las ponemos en las nuestras, como si dijéramos que confiamos en nosotros mismos más de lo que confiamos en Dios. ¿Cómo puede ser verdad eso?

Nuestra cultura nos anima a estar seguros de nosotros mismos y a creer en nosotros. Es virtualmente imposible lograr un equilibrio entre la autoconfianza y confiar en el Señor. De hecho, no creo que haya un equilibrio alcanzable. Toda nuestra confianza debe estar en el Señor. Él tiene que tomar el lugar más alto y supremo en nuestra vida si hemos de ver funcionar su poder.

Si alguna confianza tenemos, debería ser porque conocemos el poder de Dios que obra en nosotros (Efesios 3:20). Podemos confiar en su Palabra cuando dice: "Porque Dios es el que en vosotros produce así el querer como el hacer, por su buena voluntad" (Filipenses 2:13). "Porque en él vivimos, y nos movemos, y somos" (Hechos 17:28). Cualquier cosa que creamos o hagamos fuera de esto, nos expone al fracaso y la decepción. ¿Dónde están los que dicen: "Algunos confían en carros, y otros en caballos [la manera del hombre para hacer las cosas]; mas nosotros en el nombre del Señor nuestro Dios confiaremos"? (vea Salmo 20:7, LBLA).

Cuando dudamos y empezamos a preocuparnos por el

futuro, pensando si la cuota de la casa o del vehículo se pagará, sobre si obtendremos el empleo o si nuestros hijos serán salvos, deberíamos de estar conscientes inmediatamente de que hemos llegado al lugar de encontrar soluciones sin buscar a Dios. Cuando tratamos de manipular y controlar las consecuencias y los resultados de las cosas que esperamos, estamos diciendo que nosotros somos los únicos en quienes podemos confiar verdaderamente. Aquí es donde el temor y la necesidad de controlar empiezan a empujarnos al orgullo. El orgullo por nosotros mismos, aunque cultiva la inseguridad, puede llevarnos a la autoadoración y la idolatría.

El doble ánimo nos miente. No podemos manejar las cosas que solo Dios puede manejar. Cuando las cosas no funcionan, reaccionamos con amargura, enojo y rebeldía. Nos enojamos con Dios y no queremos obedecerle, todo debido a lo que nosotros hicimos para sabotear el éxito que pudo haber sido nuestro.

Nosotros no somos el fundamento sobre el que deberíamos edificar nuestra fe. Cuando fallamos, no tenemos nada en qué apoyarnos. El hombre firme pone su confianza en Dios; y, por lo tanto, tiene una victoria total y completa. Él triunfa sobre sus enemigos.

Pienso que no nos damos cuenta cuán rápida y fácilmente acudimos a nosotros mismos y a otras cosas para que nos saquen de los desafíos que enfrentamos en la vida. Mientras más temprano le pidamos al Señor que nos escudriñe y nos muestre las áreas en nuestro corazón que no están firmes y asentadas en Él, más pronto podremos continuar llevando la vida que Él diseñó.

DEJE LA INDECISIÓN Y CONFÍE EN DIOS

¿Hasta cuándo van a seguir indecisos? Si el Dios verdadero es el Señor, deben seguirlo; pero, si es Baal, síganlo a él.
—1 Reyes 18:21, nvi

En el capítulo 1, escribe acerca de la incredulidad y la inestabilidad que se manifiestan como recaída. La recaída generalmente es ir de un lado a otro entre dos pensamientos gobernantes: el de Dios y el propio, el de Dios y el del mundo, el de Dios y el del enemigo, el de Dios y cualquier otro que no sea de Dios. Cuando optamos por escuchar y seguir otro camino en lugar del de Dios, somos culpables de recaer. Esta acción también está relacionada con la apostasía o el adulterio espiritual. Adulterio es infidelidad al pacto. Esas son señales del doble ánimo.

Las palabras hebreas para *recaída* son *meshubah*, que significa "apostasía: reincidencia, darse la vuelta",[1] y *sarar*, que significa "apartarse, ejemplo (moralmente) insumisión: distanciarse, reincidir, rebeldía, sublevarse, retroceder, obstinación, retirarse".[2] Otras palabras hebreas: *shobab* y *shobeb*, resultan en los significados en inglés: "apostasía, ejemplo: idolatría; reincidencia, obstinación, apartarse (del margen)"; "relativo a lo pagano o pagano; recaer".[3]

Israel fue una nación de doble ánimo, entrando y saliendo del pacto con Dios. No eran consistentes en su lealtad a Dios. Israel era culpable de sublevación, rebeldía, darse la vuelta, obstinación, idolatría y de actuar como las naciones paganas que los rodeaban.

El creyente estable se mantiene firmemente aferrado a la voz de Dios y busca solamente la sabiduría de Él. Repito, él confía en el Señor y no vacila.

Eche un vistazo al Salmo 26:1: "Júzgame, oh Jehová, porque yo en mi integridad he andado; he confiado asimismo en Jehová sin titubear". En la versión Jubilee Bible 200 en español, dice: "no vacilaré". La versión La Palabra Hispanoamérica dice: "jamás dudaré". La palabra hebrea que se usa en este versículo para "titubear", "vacilar" o "dudar" es *maad*, que también significa "hacer flaquear".[4]

Poco después de la venida del Espíritu Santo en el Día de Pentecostés, muchos creyentes fueron fortalecidos y perseveraban en la doctrina de los apóstoles, la comunión, en partir el pan y en las oraciones. (Vea Hechos 2:42.) Esto es lo opuesto a tener doble ánimo.

A medida que los creyentes crecían en número y en fe, la persecución creció y provocó desánimo. A ellos se les advirtió contra caer de la firmeza: "Así que vosotros, oh amados, sabiéndolo de antemano, guardaos, no sea que arrastrados por el error de los inicuos, caigáis de vuestra firmeza" (2 Pedro 3:17).

El diccionario Strong define la firmeza usando las palabras griegas *stereóma* y *stérigmos*, ambas significan "algo asentado; ejemplo: (de manera abstracta) confirmación (estabilidad), firmeza"; "estabilidad (figurativamente) firmeza".[5]

En el tiempo en que se escribió la carta de Santiago, había gran sufrimiento entre los primeros cristianos, y había muchos cuya fidelidad estaba decayendo. Muchos se apartaban de la fe y tenían doble ánimo en su andar con Dios. La apostasía era un problema mayor en la iglesia primitiva, y esto era resultado del doble ánimo. Santiago los animaba a mantenerse firmes en el Nuevo Pacto y su compromiso con Cristo.

Como ejemplo, la iglesia de Colosas fue elogiada por su firmeza:

> Porque aunque estoy ausente en cuerpo, no obstante en espíritu estoy con vosotros, gozándome y mirando vuestro buen orden y la firmeza de vuestra fe en Cristo.
>
> —COLOSENSES 2:5

Vivimos en un tiempo en que la reincidencia y la apostasía están desenfrenadas entre los creyentes. Grandes fracasos morales guían al dolor y la división de la iglesia. Las falsas doctrinas que causan divisiones y los espíritus religiosos controladores están provocando que las personas pierdan la confianza en la iglesia que Jesús estableció. Sin embargo, quiero animarlo porque a medida que se vuelva cada vez más como el hombre del Salmo 112, usted podrá resistir. Se mantendrá firme y asentado. Su esperanza y confianza no están en el ser humano. Su confianza está en el Señor. Jeremías 17:7–8 dice:

> Bendito el varón que confía en Jehová, y cuya confianza es Jehová. Porque será como el árbol plantado junto a las aguas, que junto a la corriente echará sus raíces, y no verá cuando viene el calor, sino que su hoja estará verde; y en el año de sequía no se fatigará, ni dejará de dar fruto.

La contienda ha comenzado, pero usted está plantado, firme, asentado y seguro. Florecerá y dará fruto aun en el año de la sequía. Usted está firme.

VIVA POR FE

La fe es el arma contra la duda y el temor. Es un estabilizador. La fe en Dios es uno de los temas principales en la Biblia. Es el fundamento para poder andar en los caminos de Dios. Es el fundamento de nuestra salvación: "Por gracia sois salvos por medio de la fe; y esto no de vosotros, pues es don de Dios; no por obras, para que nadie se gloríe" (Efesios 2:8–9). Se nos anima a edificar la fe: "Amados, edificaos en vuestra santísima fe" (Judas 1:20, parafraseado). Edificamos fe al escuchar y escuchar la Palabra de Dios (Romanos 10:17). Tener fe complace a Dios y trae recompensas y bendiciones a nuestra vida (2 Tesalonicenses 1:3). Como personas en búsqueda de la promesa del Salmo 112, la fe es la base por la cual debemos vivir (Habacuc 2:4; Gálatas 3:11; Hebreos 10:38).

La palabra griega para "fe" es *pistis*, que significa fe, creencia, confianza, certeza; fidelidad, lealtad.[6] Una palabra hebrea para fe es *amanah*, que significa acuerdo, estatuto firme. En otras palabras, es estar de acuerdo con Dios y su Palabra, diciendo amén. *Amén* significa "inclinarse en busca de apoyo".[7] También se traduce como "creer". Se usa con relación a la fe que se necesita para recibir la salvación y da la imagen de alguien que se apoya en Dios (Génesis 15:6).

Otra palabra hebrea relacionada a la fe es *yaqal* (Job

13:15), la cual significa "confiar cuando se está en dolor extremo; confiar bajo presión".[8] Generalmente, se traduce como "esperanza". Luego, está *qawah*, la palabra más fuerte en hebreo para *fe*. Se traduce como "espera".[9] Esta palabra da una imagen clara de la razón por la que mostramos falta de fe cuando nos adelantamos a Dios. No somos pacientes. Nos ponemos ansiosos, pensando que Él no ha escuchado nuestro clamor. Esperar en Dios comunica fe en su tiempo perfecto. Cuando tenemos fe, le expresamos a Dios nuestra confianza en su amor por nosotros y que confiamos en que Él hará todo en su tiempo; y Él siempre llega a tiempo.

La incredulidad y la duda impedirán que la persona reciba las promesas de Dios. El temor es un enemigo de la fe e impedirá que uno reciba. Si hay montañas que mover en nuestra vida, y si hay cosas por las que esperamos y tenemos expectativa, se requiere fe para verlas mover:

> De cierto os digo, que si tuviereis fe, y no dudareis…sino que si a este monte dijereis: Quítate y échate en el mar, será hecho. Y todo lo que pidiereis en oración, creyendo, lo recibiréis.
> —Mateo 21:21–22

DIOS TIENE EL CONTROL

Confía en Jehová, y haz el bien.
—Salmo 37:3

Confíe en que Dios tiene todo bajo control; solamente obedezca y haga el bien. No se permita a sí mismo quedarse atrapado en tratar de hacer que las cosas sucedan. No se quede atorado en resolver los problemas según el estilo del mundo. Manténgase fiel, recto y firme. Él se hará cargo de lo demás: "Encomienda al Señor tu camino, confía en Él, que Él actuará" (Salmo 37:5, lbla).

Guarda silencio ante Jehová, y espera en él. No te alteres con motivo del que prospera en su camino…Mejor es lo poco del justo, que las riquezas de muchos pecadores.
—Salmo 37:7, 16

Descanse en el Señor. Relájese. Tómelo con calma. Deje de estar tan nervioso. No haga grandes las cosas pequeñas. Descanse y espere pacientemente, porque Dios va a hacer algo. No se preocupe ni se ponga ansioso. A veces, nos desanimamos cuando vemos lo que parece ser desarrollo y prosperidad en todo lo que nos rodea. A veces, parece que no tenemos todo lo necesario, pero debemos confiar en el Dios de la abundancia. Dios puede bendecir lo poco.

En el milagro de los cinco panes y los dos pescados (Juan 6), Dios hizo más de lo que cualquiera de nosotros hubiera imaginado con unas cuantas hogazas de pan y un par de pescados. Su bendición en ese poco de comida la incrementó y se volvió suficiente para alimentar a cinco mil familias.

Cuando usted recibe poco, bendígalo. Va a llegar más lejos que si tuviera más. Como dije antes, con la bendición viene el incremento.

Dios no está limitado por la pequeñez de algo. Empiece por bendecir lo que tiene en sus manos. No trate de descubrir cómo va a funcionar. Usted puede tener mucho dinero y este se puede ir de sus manos si no vive correctamente. Por eso, la sabiduría puede presumir que su fruto es mejor que el oro fino y la plata escogida. Algunas personas se quedan estancadas en el tesoro y no en Aquel que da y quita, quien bendice y maldice. Cuando usted anda en el favor y la bendición del Señor, nunca necesita preocuparse por el dinero. Siempre tendrá más que suficiente. Solo confíe en Dios. Haga el bien. Siga su sabiduría. La promesa del Salmo 112 le pertenece.

DECLARACIONES DE CONFIANZA FIRME

Estoy firme y no seré conmovido.

Mi corazón está firme, confiando en el Señor.

Mi corazón está asentado; no temeré.

Debido a que confío en el Señor, triunfaré sobre mis enemigos.

Debido a que confío en el Señor, no temeré a las malas noticias.

Yo confío en el Señor y me mantendré fiel en el sendero en el que Él me ha puesto.

Yo confío en el Señor y hago el bien. Habitaré en la tierra y practicaré la fidelidad.

Ya que encomiendo mi camino al Señor, porque confío en Él, Él hará que sus promesas se hagan realidad en mi vida.

Descanso en el Señor y espero pacientemente en Él.

Yo sirvo al Dios de la abundancia; por lo tanto, Dios bendice lo poco que tengo en mi mano.

No seré sacudido por el calor, la sequía o la hambruna.
Floreceré y estaré satisfecho. No seré avergonzado.

Me deleito en la abundancia de paz.

Capítulo 9

GENEROSO

Reparte, da a los pobres; su justicia permanece
para siempre; su poder será exaltado en gloria.
—Salmo 112:9

UNA DE LAS características destacadas de los estables
y seguros es su generosidad. Los creyentes estables son dadores consistentes. Es parte de su carácter recto, algo que
ya ha sido establecido en su corazón. Ellos apoyan consistentemente la obra de Dios y ayudan consistentemente al
pobre, al huérfano y a las viudas. Mi estímulo para usted,
como creyente en busca de las promesas en el Salmo 112,
es que nunca deje el hábito de dar; esa es la característica
de una persona recta. También es un acto de adoración.

El deseo de Dios es que usted sea consistente en sus
donativos. Su generosidad complace al Señor. La Biblia
dice que debido a que ellos dan al pobre, nada les hará
falta (Proverbios 28:27); el que presta al pobre, el Señor
le pagará (Proverbios 19:17); y Dios ama al dador alegre.
Él les devuelve a los que son generosos. Usted es incal-
culablemente bendecido cuando da. Lucas 6:38 dice que

cuando usted da: "medida buena, apretada, remecida y rebosante vaciarán en su regazo" (LBLA).

Dar es una práctica que disfrutan los rectos. Fluye de la forma en que conducen sus asuntos con sabiduría y honradez. Dar por obligación, impulso o decisión precipitada no es el tipo de generosidad que fluye de un corazón gozoso, agradecido y firme. Esta es una imagen de los generosos: están felices de dar y auxiliar a los necesitados.

Ya que dar es parte importante de recibir el favor y la bendición de Dios, el enemigo trata de dificultar que el creyente dé. Hay veces en que los creyentes enfrentan temporadas de dificultad financiera. Podrían perder sus empleos. Podrían encontrarse con algún tipo de obstáculo financiero. Estas son las ocasiones cuando dar es un desafío, y quizá den menos de lo que acostumbran.

Otra manera en que el enemigo trata de impedir las bendiciones que vienen del dar es a través de una herida eclesiástica. Algunos se enojan o los lastima la iglesia, entonces dejan de dar. No les gusta el mensaje que predica el pastor, entonces dejan de dar. Hay otros que recaen y dejan de dar.

Algunos dejan de dar debido a un desánimo con sus finanzas. Sienten que Dios no está respondiendo sus oraciones por un avance financiero. Han estado declarando "dinero venid", pero nada cambia. Cuestionan dónde está la bendición de Dios en su vida. Se preguntan por qué siempre tienen dificultades financieras o por qué es difícil encontrar un buen empleo. Cuando reciben algún tipo de excedente, algo sucede y todo el excedente se usa en reparar o en recuperase de una emergencia: el vehículo se descompone, el techo se cae o sucede una enfermedad inesperada.

Dar incluso se vuelve más difícil cuando le dan a alguien malagradecido o que se voltea y los trata mal.

Este tipo de situaciones desanima y hace que algunos quieran dejar de dar. Aun así, los creyentes consistentes y estables no permiten que los cambios en la vida o que la forma en que la gente actúa o reacciona los aparte de hacer lo que ya han establecido en su corazón. Ellos hacen lo que Dios les dice y dan como Él les indica porque no andan buscando la bendición del hombre. Buscan la bendición de Dios.

No damos para recibir los elogios y la aprobación de la gente. No damos porque nos tratan amablemente. Damos porque somos obedientes a Dios. No damos para que alguien nos trate bien, o para que le agrademos más. Quizá nunca digan gracias, pero lo que usted hizo para bendecirlos es entre usted y Dios; al igual que si muestran gratitud o agradecen de alguna manera es entre ellos y Dios.

Usted no da para que alguien le deba algo. No está aquí para controlar a la gente. Cuando le dé a alguien, suelte el regalo. Deje que la persona continúe, y deje entre ella y Dios la forma en que viven de allí en adelante, ya sea llena de gratitud o no. Eso también significa que usted debe ser cuidadoso sobre a quién le acepta algo. Hay quienes usan los regalos como chantaje y siempre los traen a colación. Quieren apropiarse de los demás.

Sin importar cómo nos traten los demás, sus acciones no deberían determinar nuestra consistencia en dar en la forma en que el Señor quiere que lo hagamos. Nuestro corazón debe estar firme. Una persona con un corazón firme es un dador. Estos individuos siempre serán dadores, dadores alegres. Y ninguna circunstancia cambiará eso. Ellos saben que cuando den, se les dará, medida buena, apretada, y rebosante se vaciará en su reboso. (Vea Lucas 6:38.)

¡Es más bendecido dar que recibir! Debe poner su corazón firme en esta área, de la misma manera que tiene que ponerlo firme sobre que no será un fornicario. Esa no es una decisión impulsiva que toma cuando se enfrenta a la tentación. Es algo que ya ha establecido con anticipación. Veamos más profundamente cómo los diferentes tipos de dar y generosidad traen las bendiciones del Salmo 112 a su vida.

DAR ALEGREMENTE

El dar y la generosidad del hombre del Salmo 112 aparece dos veces: en el versículo 5, "El hombre de bien tiene misericordia, y presta;" y en el versículo 9, citado al principio de este capítulo. La palabra *presta* en primera instancia no significa necesariamente que él preste dinero con la expectativa de que se le pague, sino que también significa "da", en el sentido de apoyo, solventar o suministrar.[1] Luego, el versículo 9 apoya este punto de vista, diciendo: "Reparte, da a los pobres".

Su generosidad está directamente ligada a su misericordia, compasión y clemencia. Tal como descubrimos antes, esto también significa que él es amoroso, amable y gentil; todos son fruto del Espíritu. Su generosidad y misericordia hacia los necesitados está atada a su rectitud, lo cual aparece también por tercera vez en este versículo. Y debido a su generosidad, él tendrá influencia y honra.

El hombre del Salmo 112 da generosa y libremente. Esto significa que él no da con reservas, ni por impulso ni por culpa. Él da sin esperar nada a cambio. *Libremente*, significa también: fácilmente, liberalmente, voluntariamente y sin sufrimiento. Al hombre del Salmo 112 podría llamársele "dador alegre". A Dios le agrada el dador gozoso, divertido; alguien que disfruta dar. No solamente debemos dar, sino que debemos disfrutarlo mientras lo hacemos. Dar debería ser algo que a usted le guste hacer. Debería complacerse en hacerlo. Así como Dios se complace de la prosperidad de sus siervos, nosotros tenemos gran gozo cuando contribuimos para la bendición y el desarrollo de alguien.

DAR EN LO NATURAL PARA BENDECIR A LOS QUE DAN EN EL ESPÍRITU

En 2 Corintios 9:6–10, Pablo usa el Salmo 112:9 para animar a la iglesia de Corinto a dar para los santos pobres de Jerusalén:

> Pero esto digo: El que siembra escasamente, también segará escasamente; y el que siembra generosamente, generosamente también segará. Cada uno dé como propuso en su corazón: no con tristeza, ni por necesidad, porque Dios ama al dador alegre. Y poderoso es Dios para hacer que abunde en vosotros toda gracia, a fin de que, teniendo siempre en todas las cosas todo lo suficiente, abundéis para toda buena obra; como está escrito [en el Salmo 112:9]:
>
> "Repartió, dio a los pobres; su justicia permanece para siempre".
>
> Y el que da semilla al que siembra, y pan al que come, proveerá y multiplicará vuestra

sementera, y aumentará los frutos de vuestra justicia.

Pablo usa el ejemplo del hombre del Salmo 112 para decirle a la iglesia que puede y debería ser como él que distribuye, da ampliamente y les da a los pobres. Sin embargo, el contexto de este pasaje va más profundo. Los santos en Jerusalén estaban pasando por hambruna. Estaban sufriendo. Los corintios estaban enviando una ofrenda de amor para aliviarlos de los efectos de la hambruna. Este donativo tenía naturaleza profética porque lo que realmente se estaba enseñando era el hecho de que los gentiles habían recibido la bendición espiritual y la herencia de Israel, luego, los judíos recibirían las finanzas de los gentiles, sus bendiciones naturales. Ya que ellos habían recibido algo espiritual de parte de los judíos, los creyentes judíos en Jerusalén merecían sus bendiciones naturales. Este es un principio que Pablo le señaló a los corintios en su primera carta: "Si nosotros sembramos entre vosotros lo espiritual, ¿es gran cosa si segáremos de vosotros lo material?" (1 Corintios 9:11). Así que, básicamente, de quien quiera que haya recibido espiritualmente, usted debería sembrar en esa persona en lo natural.

Este es todo el principio de apoyar a los ministros y a los ministerios de cinco partes, aquellos que traen a su vida liberación, sanidad, revelación, restauración y bendición. Hay algunos que se pierden la oportunidad de dar debido a algunas de las razones que mencioné antes. Ellos se refrenan y dicen: "No quiero darles nada. Que Dios cuide de ellos".

Los hombres y las mujeres rectas conducen todos sus asuntos con honradez. (Vea Salmo 112:5.) Ellos están firmes y asentados. Son inflexiblemente rectos. Repito esto aquí porque hay ministros que son como lobos con piel de oveja. Roban y manipulan a la gente. Pero los rectos operan con sabiduría y justicia en todos sus asuntos. No toman decisiones basadas en el temor de que se aprovechen de ellos. Confían en Dios. También son sabios para entender las recompensas que vienen de honrar al hombre o a la mujer de Dios.

Claro está que Dios tendrá cuidado del hombre o la mujer de Dios. Alguien verá su fruto y querrá sembrar en tierra fértil. Sin embargo, los creyentes como el del Salmo 112 ya tienen su corazón y mente firmes sobre cuándo, cuánto y a quien le darán. Ellos tienen discernimiento. Andan en amor y paz y dan con liberalidad sin temor o desconfianza. No se perderán la bendición e incremento que viene al dar de esta manera.

De vuelta a los corintios gentiles. Ellos se lo propusieron en su corazón y dieron a los judíos pobres de quienes recibieron bendiciones debido a que Jesús era judío y Él vino a través de Israel, y Él fue el Salvador del mundo. Los gentiles reconocieron que ellos estaban siendo salvos debido a esta nación natural que guardó la Ley y los profetas y de donde vino el Mesías. Ellos dieron alegremente y con gratitud.

Dar regalos naturales por bendición espiritual no es algo de una sola vez. Haga espacio para esto en su práctica de dar. El hombre del Salmo 112 no es tocado una vez y, solo porque sí, da y, luego, nada. Él da consistentemente porque es parte de su naturaleza.

Usted solamente puede hacer lo que lleva dentro. Si no está en usted, no va a salir. Puede decir que ama a las personas, los buenos ministerios y la alabanza buena, pero si dar no es parte de su composición, no fluirá de usted. Será bendecido según la media en que da. Por eso, la liberación y la buena enseñanza sobre dar son importantes. Le ayudarán a lidiar con las heridas ministeriales pasadas, y le ayudarán a aplicar consistencia en sus donativos. La liberación le restaurará el gozo que una vez sintió cuando dio sin reservas.

Si hay rectitud en usted, no tiene que forzar ningún tipo de donativo; sencillamente fluirá de usted. Es parte suya. Es su naturaleza. Usted es una nueva criatura.

Si alguna vez ha tenido pensamientos como "¿Por qué me gusta dar? ¿Por qué me gusta bendecir a la gente? ¿Qué está mal en mí?", comprenda que no hay nada malo en usted. Sencillamente, usted es una persona recta, misericordiosa y compasiva. Conoce a su Dios y sabe que Él es quien se complace cuando usted da. Usted da porque Él le dio.

DAR COMO ACTO DE ADORACIÓN

Realmente no es difícil dar cuando conoce a su Padre. Dios es generoso: "Toda buena dádiva y todo don perfecto desciende de lo alto, del Padre de las luces, en el cual no hay mudanza, ni sombra de variación" (Santiago 1:17). Cuando uno es salvo y miembro del reino de Dios, el corazón debería estar abrumado de generosidad y gratitud por todo lo que Dios ha hecho. Como creyente del Salmo 112, tiene un lugar seguro en el reino de Dios donde ahora usted experimenta alabanza, adoración, al Espíritu Santo, profecía, milagros, sanidades, la presencia de Dios, rectitud, salvación, gozo y regocijo. Una vez recibida la revelación de quien Dios es y lo que ha hecho por nosotros a través de sus promesas como la del Salmo 112, nuestro dar se vuelve un acto de adoración. Nuestra generosidad fluirá de un corazón lleno.

Salmo 96:8 nos manda traer una ofrenda. Los adoradores son dadores. Las iglesias que adoran son iglesias que dan. Aquellos que experimenten la gloria del reino darán. Las iglesias llenas de la presencia de Dios responderán con donativos extravagantes. Dar no es un problema para la iglesia que adora. Aquellos que responden a la grandeza de Dios en adoración tendrán corazones que responden en dar. Es un aspecto de la adoración.

Cuando los hombres sabios vinieron del este debido a que vieron la estrella en los cielos, encontraron al niño Jesús en ese lugar (Mateo 2:9–11). La Biblia dice que estos tres reyes se arrodillaron y le presentaron oro, incienso y mirra. Yo sé que usted puede estar muy familiarizado con esta historia. Sin embargo, esta no es solo una historia que leemos durante la época navideña. Es un principio: Cuando viene a adorar a Dios le trae una ofrenda. Da porque usted es un adorador. Da porque honra, respeta y se inclina ante Aquel a quien adora. Y Él es digno de todo regalo y toda alabanza que usted tenga para dar.

DAR COMO UN COSTO DE ADORACIÓN

Y el rey dijo a Arauna: "No, sino por precio te lo compraré; porque no ofreceré a Jehová mi Dios holocaustos que no me cuesten nada".

Entonces David compró la era y los bueyes por cincuenta siclos de plata. Y edificó allí David un altar a Jehová, y sacrificó holocaustos y ofrendas de paz; y Jehová oyó las súplicas de la tierra, y cesó la plaga en Israel.

—2 Samuel 24:24–26

David, un adorador, conocía la importancia de la ofrenda. Él no ofrecería al Señor algo que no le costara nada. Él comprendía que dar una ofrenda se trata de adorar. En este pasaje David acababa de decidirse por la tierra donde iba a construir un altar y el templo del Señor. Él pensó en el peso de lo que estaba planificando: el lugar donde estaba parado sería el lugar de adoración para el pueblo de Dios. Él pensó en toda la gente que vendría de todas partes del mundo a este lugar llamado el templo de Dios. Así que cuando el propietario de la tierra le ofreció gratuitamente el terreno al rey David, él inmediatamente dijo: "No, te voy a comprar la propiedad, pues no le ofreceré a Dios algo que no me costó". Debido a que respetaba a David, el hombre también quería dar algo, y dijo: "Tú eres el rey. Te lo daré a ti".

David insistió en pagar por la tierra porque él entendía que la adoración tiene que costarnos algo. Tenía que ser un sacrificio. Cuando usted viene ante la presencia de Dios, su adoración, su ofrenda tiene que haberle costado algo. De lo contrario, no es un sacrificio.

Cuando usted le da a Dios algo que le ha costado, Él le dará a usted todo lo que el cielo puede ofrecer. De hecho, Él dio a su Hijo unigénito. A Él le costó todo. Piense en lo que vale Jesucristo. Dios no mandó simplemente una oveja o un toro y lo ofreció.

Porque de tal manera amó Dios al mundo, que
ha dado a su Hijo unigénito.

—Juan 3:16

Al cielo le costó su Hijo, Jesús; Jesús, el Hijo de Dios.
Dios le dio algo que a Él le costó porque le ama.

Cuando amamos a Dios, le damos algo que nos cuesta
a nosotros. Yo tenía que revisar y ver si mis donativos
realmente me costaban algo. Yo puedo dar. Soy bendecido. Puedo dar una buena ofrenda. Pero, a veces, Dios
me desafía: "Quiero que des una ofrenda que te va a
costar algo". Todos los creyentes como el del Salmo 112
deberían escuchar este reto de vez en cuando para asegurarse de que están dando en la manera que le agrada
a Dios.

El costo de la adoración puede ser diferente para diferentes personas. Podría ser un dólar si todo lo que tiene
es $1.50. Pero si tiene un millón de dólares, cien dólares
no es mucho.

Las preguntas para hacerse a sí mismo son: ¿Le cuesta
algo? ¿Es usted verdaderamente un adorador? ¿Tiene
el corazón de un adorador? ¿Realmente ama a Dios?
¿Comprende el mundo que Jesús estableció y el reino
en el que usted vive? ¿Está realmente agradecido por la
salvación, gloria, profecía, presencia, unción, majestad y

revelación? ¿Está realmente agradecido por haber nacido de nuevo y tener nueva vida?

Con todo lo que Dios ha dado, no es de sorprenderse que algunos de nosotros adoremos tan fuertemente. Mientras más reconozca lo que Dios ha hecho por usted, más se interesará por su Palabra. Mientras más comprende las profundidades del amor de Dios y su poder, más toca la unción del Espíritu Santo. Y mientras más conozca de sanidad, liberación, prosperidad y el favor y la bendición de Dios, más profundamente responderá en la adoración y dará más como un acto de adoración.

Algunos son superficiales en la alabanza y en sus donativos porque no conocen a Dios. Ellos saben de Dios. Sin embargo, nunca se han esforzado por aprender sus profundidades. Nunca han encontrado la gloria de Dios. Ellos oyen de Dios. Han hablado de Dios. Pero no lo conocen realmente. Cuando usted conoce realmente a Dios, nadie tiene que obligarlo a darle al pobre o al hombre o la mujer de Dios. Su corazón estará rebosando de gratitud y acción de gracias. Nadie tendrá que obligarlo a levantar sus manos. Cuando usted conoce realmente a Dios, nadie tiene que obligarlo a postrarse. Usted lo conoce. Conoce su majestad y su poder, su gloria y su presencia.

Muéstreme a alguien que no adora, que no da con liberalidad, y yo le mostraré a una persona que no conoce a Dios. Pueden hablar de Dios. Pueden cantar de

Dios. Pueden estar en el coro. Pueden ir a la iglesia. Sin embargo, si no adoran a Dios, yo sé que no lo conocen realmente.

UN DADOR EXTRAVAGANTE

...dando gracias al Padre que nos hizo aptos para participar de la herencia de los santos en luz; el cual nos ha librado de la potestad de las tinieblas, y trasladado al reino de su amado Hijo.
—Colosenses 1:12–13

Cuando Isaías se encontró con Dios, vio al séquito de Dios llenar el templo. Él dijo: "¡Ay de mí! que soy muerto; porque siendo hombre inmundo de labios, y habitando en medio de pueblo que tiene labios inmundos, han visto mis ojos al Rey, Jehová de los ejércitos" (Isaías 6:5).

Cuando usted se encuentra con Dios, y no estoy hablando de estas cosas religiosas; hablo de cuando tiene un encuentro personal con Dios, Él cambia su vida. Nadie puede decirle lo suficiente sobre Dios para hacer que usted le dé adoración costosa o sea una bendición para aquellos que Él acerca a usted. Para estar al nivel del hombre del Salmo 112 de dar y recibir, tiene que conocer a Dios usted mismo. Cuando ha experimentado a Dios en su gloria, tendrá que inclinarse y arrodillarse ante el Señor, su hacedor, y honrarlo en la forma que a Él le agrada.

DECLARACIONES DE LAS BENDICIONES DE DAR Y LA GENEROSIDAD

Gracias, Señor, por tus bendiciones que vienen como resultado de lo que doy. Acepto tu desafío para darte a ti y a tu pueblo regalos que me cuesten algo.

Te adoro al dar.

Seré un dador extravagante.

Le doy al pobre, por lo tanto, soy bendecido.

Debido a que le doy al pobre, el Señor me librará en el día de angustia.

Debido a que le doy al pobre, el Señor me protegerá y me mantendrá vivo.

Ya que le doy al pobre, soy llamado bendecido en la tierra.

Ya que le doy al pobre, cuando esté enfermo, el Señor restaurará toda mi salud.

Doy con liberalidad, por lo tanto, cada día me hago más rico.

Soy enriquecido porque llevo bendición.

Yo doy y me será dado. Medida buena, apretada, remecida, rebosante será puesta en mi regazo.

Que mi abundancia provea para su necesidad.

Siembro abundantemente, por lo tanto, abundantemente segaré.

Conclusión

COMPROMÉTASE A LLEVAR UNA VIDA AL ESTILO DEL SALMO 112

EL CUERPO DE Cristo necesita más creyentes firmes y comprometidos, de los que no titubearán, aquellos cuya fidelidad testifica y manifiesta la fidelidad de Dios. Tenemos demasiadas personas que están un día adentro y el otro afuera. Necesitamos ejemplos de vidas de fe consistentes. Usted puede ser el ejemplo que necesitamos.

Hay una bendición al volverse determinado. Ser determinado es tener un solo propósito u objetivo primordial; ser firme y resuelto; tener solamente una meta o propósito; dedicado, "firme en propósito o creencia; caracterizado por firmeza y determinación".[1] *Solo* en el griego es *haplous*, que significa "simple...integral; el bien cumpliendo su oficio; sensato, del ojo" (usado en Mateo 6:22).[2] Una personalidad determinada es una personalidad íntegra o sensata. Es integral, no dividida. Está exclusivamente dedicada a Dios y a su Palabra. Una persona determinada tiene un solo corazón. Él o ella es sincera, comprometida, firme y leal. Estas son las características o los distintivos de un creyente estable.

> Y perseverando unánimes cada día en el templo,
> y partiendo el pan en las casas, comían juntos
> con alegría y sencillez de corazón.
> —Hechos 2:46

> Siervos, obedeced a vuestros amos terrenales con temor y temblor, con sencillez de vuestro corazón, como a Cristo.
> —Efesios 6:5

> Siervos, obedeced en todo a vuestros amos terrenales, no sirviendo al ojo, como los que quieren agradar a los hombres, sino con corazón sincero, temiendo a Dios.
> —Colosenses 3:22

Lo opuesto a esto es el doble ánimo, el cual muchas veces resulta en recaída. En otras palabras, ser determinado es clave para la relación de una persona con Dios.

La Biblia dice: "Observa a los que son íntegros y rectos" (Salmo 37:37; nvi). Este verso dice: "Identifica al hombre perfecto, al hombre maduro, al hombre íntegro". Dios nos dice que lo identifiquemos, que ponga el dedo sobre él. Pues el final de ese hombre es paz (*shalom*): prosperidad, salud, riqueza y favor. Este es el resultado de un hombre perfecto. Cuando digo perfecto, no quiero decir un hombre que nunca ha cometido un error. Quiero decir un hombre que es íntegro y maduro; una persona que es estable, firme y consistente.

Si puede encontrar a cinco personas en su vida que sean íntegras, consistentes y estables, eso sería un milagro. ¿Puede encontrar cinco personas de quienes usted pueda decir que son completas, maduras, consistentes, rectas, devotas, invariables, no sube y baja ni que entre y sale, confiable, santa, amante consistente de Dios, amable y misericordioso? Habrá hallado un gran número si puede encontrar cinco.

Muchos quieren la bendición del Salmo 112. Quieren bienes y riquezas. Quieren prosperidad. Sin embargo, no quieren hacer lo necesario para tener corazones purificados para que puedan prosperar por dentro primero. Este debería ser el objetivo de cada uno de nosotros. Es mi objetivo. Mi oración es: "Señor, ¿estoy alineado con el hombre del Salmo 112?". No puedo decir que lo he logrado, pero estoy más cerca que hace unos pocos años. Estoy creciendo. Ser consistente y estable es mi meta; ser consistente, misericordioso, amable y amoroso; tener un corazón que no es corrompido por los demonios; tener un corazón que no está enojado, amargado, que no es lujurioso, obstinado ni envidioso, un corazón que no está lleno de rechazo y dolor, egoísmo, orgullo, acusación y temor. Señor, no quiero nada de eso en mí.

Dios quiere gente consistente, estable. Reconozca que es no es algo que usted haga en sus propias fuerzas. Viene por la gracia de Dios y a través de la liberación. Dios lo estabiliza a usted. Él lo llena del Espíritu Santo. Sin embargo, cuando Él le señala cualquier inconsistencia en su vida, usted necesita lidiar con ella. No la ignore.

Niéguese a ser una persona de doble ánimo. No permita el doble ánimo en su vida. Tiene acceso al poder de Dios, la gracia y la liberación. Ejercite su fe. Usted puede obtener la vida bendecida del Salmo 112. No importa lo que la vida le ponga en el camino, usted puede superarlo todo y volverse un creyente estable, inamovible y asentado a través de Cristo.

DECLARACIONES DEL SALMO 112

Padre, te bendigo. Te agradezco por la prosperidad. Creo en la prosperidad en mi alma y en mi vida.

Señor, te pido que me guíes para prosperar desde adentro para que pueda ser próspero por fuera. Gracias por hacerme íntegro.

Señor, deseo tener un corazón arraigado, asentado, que sea estable y firme.

Me arrepiento de cualquier doble ánimo, inestabilidad, insensatez y confusión que haya permitido en mi vida. Me arrepiento de culparte por las cosas destructivas que permití que entraran en mi vida a través de decisiones y relaciones insensatas.

Señor, te pido que me sanes, libertes, restaures y que me hagas íntegro.

Me aparto del acuerdo con el doble ánimo. Me desato de todo rechazo, rebeldía, amargura y todo espíritu que esté conectado con el doble ánimo. Me suelto de la lujuria, el temor, la depresión, el desánimo, la inferioridad, el orgullo, la necedad, el control y la paranoia. Les ordeno que salgan de mi vida, en el nombre de Jesús.

Me libero de toda personalidad falsa, de todo espíritu de doble ánimo, en el nombre de Jesús. Ya no seré así.

Gracias, Señor, por liberarme. Recibo sanidad, restauración e integridad en mi cuerpo, alma y espíritu.

Gracias, Señor, por unificar mi corazón. No tendré un corazón dividido. Tendré un corazón unificado para temerte a ti todos los días de mi vida. Gracias, Señor.

Que las bendiciones del Salmo 112 estén en mi vida. Permite que los bienes y las riquezas habiten en mi casa. Deja que mis generaciones sean bendecidas. Que mi rectitud sobresalga. Que sea recordada para siempre. Gracias, Señor. Lo recibo y lo creo, en el nombre de Jesús.

Ahora, oremos juntos:

> *Padre celestial, gracias por la estabilidad en mi vida. Seré una persona estable. No seré una persona inestable. Mi corazón está firme y asentado. No tendré doble ánimo. No andaré en el doble ánimo ni la inestabilidad. No vacilaré. Seré consistente en mi aporte y en mi vida.*
>
> *Gracias, Señor, por darme la paz y el poder para ser una persona piadosa, consistente y recta. Señor, hoy te pido que asientes en mi vida cualquier cosa que necesite ser asentada. Arregla cualquier cosa en mi vida que necesite ser arreglada.*

Gracias, Señor, por tu gracia en mi vida. Recibo bienes, prosperidad y bendición en mis finanzas. Señor, gracias por el Salmo 112. Lo recibo. Lo creo. Permite que sea liberado en mi vida, en el nombre de Jesús.

Señor, me comprometo a llevar la vida del Salmo 112 para que me vaya bien, que sea feliz y disfrute de una vida larga y próspera. Amén.

MI ORACIÓN PROFÉTICA Y DECRETOS PARA USTED

Oro para que usted experimente un nuevo nivel de prosperidad y riquezas.

Oro para que el espíritu de sabiduría venga sobre su vida.

Decreto nueva sabiduría, nueva gracia, nuevas finanzas y nueva prosperidad.

Oro para que usted sea feliz cuando encuentre sabiduría.

Oro para que usted crezca en sabiduría, conocimiento y entendimiento.

Oro para que una impartición de sabiduría, conocimiento y entendimiento venga sobre su vida.

Oro para que Dios le dé un vuelco a su vida y que los bienes, las riquezas y el honor entren a su vida.

Oro para que Dios llene sus tesoros, para que ame la sabiduría y para que llame a la sabiduría parienta y ayudadora.

Oro para que la sabiduría le asista, bendiga y cambie su vida.

Que la sabiduría rompa la pobreza, escasez y atadura financiera de su vida.

Que la sabiduría haga que usted tome decisiones correctas, se involucre con las personas adecuadas, vaya en la dirección correcta y viva en el camino correcto.

Que la sabiduría haga que usted estudie, que busque conocimiento y entendimiento.

Oro que la sabiduría haga que usted abandone el pecado, enojo, ira e iniquidad, y que empiece a temer al Señor, ande en santidad y rectitud, y siga el camino correcto todos los días de su vida.

Oro que la sabiduría le dé discernimiento y el juicio correcto para que pueda ver las cosas claramente y tenga la prudencia para tomar decisiones cautas.

Oro que usted no tome decisiones insensatas, impulsivas, sino que calcule el costo y pueda sopesar las cosas.

Oro que la sabiduría le dé la capacidad para planificar, trazar estrategias y prever lo que viene. Pido que la sabiduría le faculte para andar en la época correcta.

> *Padre, bendigo a los lectores de este libro. Haz algo nuevo y fresco en sus vidas. Permite que la unción del espíritu de sabiduría sea fuerte sobre ellos mientras guían, pastorean o ministran, dirigen negocios y se comprometen con sus familias como esposos, esposas, padres y jóvenes. Padre, te pido que su rectitud viva para siempre. Increméntales más y más, a ellos y a sus hijos. Que la bendición completa y la promesa del Salmo 112 los invada, en el nombre de Jesús. Amén.*

NOTAS

INTRODUCCIÓN
LA PROMESA DE DIOS PARA EL CREYENTE FIRME

1. Blue Letter Bible, s.v. *"tam,"* consultada el 12 de noviembre de 2017, https://www.blueletterbible.org/lang /lexicon/lexicon.cfm?Strongs=H8535&t=KJV.

CAPÍTULO 1
LAS CONSECUENCIAS DE UNA VIDA INESTABLE

1. James Strong, *Strong's Exhaustive Concordance of the Bible*, s.v. *"dipsuchos"*, consultada el 30 de noviembre, 2017, http://biblehub.com/greek/1374.htm.

2. Bruce E. Levine, *"How Teenage Rebellion Has Become a Mental Illness"*, AlterNet, 27 de enero, 2008, consultado el 30 de noviembre, 2017, https://www.alternet.org/story/75081 /how_teenage_rebellion_has_become_a_mental_illness.

3. Chris N. Simpson, *"Freedom From the Deep Hurts of Rejection"*, NewWineMedia.com, consultado el 30 de noviembre, 2017, http://www.newwinemedia.com/pastorchris/print/Chris _Simpson-Freedom_From_Deep_Hurts_Of_Rejection.pdf.

CAPÍTULO 2
BIENAVENTURADO

1. Blue Letter Bible, s.v. *"esher,"* consultado el 26 de noviembre de 2017, https://www.blueletterbible.org/lang /lexicon/lexicon.cfm?Strongs=H835&t=KJV.

2. USHistory.org, "The Declaration of Independence," consultado el 26 de noviembre de 2017, http://www.ushistory.org /declaration/document/.

3. Blue Letter Bible, s.v. *"Bĕrakah,"* consultado el 27 de noviembre, 2017, https://www.blueletterbible.org/lang/lexicon /lexicon.cfm?Strongs=H1293&t=KJV.

4. Blue Letter Bible, s.v. *"sakal,"* consultado el 27 de noviembre, 2017, https://www.blueletterbible.org/lang/lexicon /lexicon.cfm?Strongs=H7919&t=KJV.

5. Blue Letter Bible, s.v. *"tsalach,"* consultado el 27 de noviembre, 2017, https://www.blueletterbible.org/lang/lexicon /lexicon.cfm?Strongs=H6743&t=KJV.

6. Blue Letter Bible, s.v. *"chayil,"* consultado el 27 de noviembre, 2017, https://www.blueletterbible.org/lang/lexicon /lexicon.cfm?Strongs=H2428&t=KJV.

7. Blue Letter Bible, s.v. *"shalah,"* consultado el 27 de noviembre, 2017, https://www.blueletterbible.org/lang/lexicon /lexicon.cfm?Strongs=H7951&t=KJV.

8. Blue Letter Bible, s.v. *"shalowm,"* consultado el 27 de noviembre, 2017, https://www.blueletterbible.org/lang/lexicon /lexicon.cfm?Strongs=H7965&t=KJV.

9. Blue Letter Bible, s.v. *"ravah,"* consultado el 27 de noviembre, 2017, https://www.blueletterbible.org/lang/lexicon /lexicon.cfm?Strongs=H7301&t=KJV.

10. Blue Letter Bible, s.v. "*koach*," consultado el 27 de noviembre, 2017, https://www.blueletterbible.org/lang/lexicon /lexicon.cfm?Strongs=H3581&t=KJV.

11. Blue Letter Bible, s.v. "*kabad*," consultado el 27 de noviembre, 2017, https://www.blueletterbible.org/lang/lexicon /lexicon.cfm?strongs=H3513&t=KJV.

12. Blue Letter Bible, s.v. "*hown*," consultado el 27 de noviembre, 2017, https://www.blueletterbible.org/lang/lexicon /lexicon.cfm?Strongs=H1952&t=KJV.

13. Blue Letter Bible, s.v. "*ratsown*," consultado el 27 de noviembre, 2017, https://www.blueletterbible.org/lang/lexicon /lexicon.cfm?Strongs=H7522&t=KJV; *The American Heritage Dictionary*, s.v. "favor," consultado el 27 de noviembre, 2017, https://ahdictionary.com/word/search.html?q=favors.

14. Blue Letter Bible, s.v. "*gamal*," consultado el 27 de noviembre, 2017, https://www.blueletterbible.org/lang/lexicon /lexicon.cfm?Strongs=H1580&t=KJV; Dictionary.com, s.v. "bountiful," consultado el 27 de noviembre, 2017, http://www .dictionary.com/browse/bountiful.

15. Blue Letter Bible, s.v. "*esher*," consultado el 27 de noviembre, 2017, https://www.blueletterbible.org/lang/lexicon /lexicon.cfm?Strongs=H835&t=KJV.

16. Blue Letter Bible, s.v. "*ashar*," consultado el 27 de noviembre, 2017, https://www.blueletterbible.org/lang/lexicon /lexicon.cfm?strongs=H833&t=KJV.

17. Blue Letter Bible, s.v. "*tuwshiyah*," consultado el 27 de noviembre, 2017, https://www.blueletterbible.org/lang/lexicon /lexicon.cfm?Strongs=H8454&t=KJV.

18. Blue Letter Bible, s.v. "*shalal*," consultado el 27 de noviembre, 2017, https://www.blueletterbible.org/lang/lexicon /lexicon.cfm?Strongs=H7998&t=KJV.

19. Blue Letter Bible, s.v. *"eulogeō,"* consultado el 27 de noviembre, 2017, https://www.blueletterbible.org/lang/lexicon/lexicon.cfm?Strongs=G2127&t=KJV.

20. Blue Letter Bible, s.v. *"therizō,"* consultado el 27 de noviembre, 2017, https://www.blueletterbible.org/lang/lexicon/lexicon.cfm?strongs=G2325&t=KJV.

21. Blue Letter Bible, s.v. *"euodoō,"* consultado el 27 de noviembre, 2017, https://www.blueletterbible.org/lang/lexicon/lexicon.cfm?Strongs=G2137&t=KJV.

22. Blue Letter Bible, s.v. *"apekdyomai,"* consultado el 27 de noviembre, 2017, https://www.blueletterbible.org/lang/lexicon/lexicon.cfm?Strongs=G554&t=KJV.

23. Blue Letter Bible, s.v. *"empiplēmi,"* consultado el 27 de noviembre, 2017, https://www.blueletterbible.org/lang/lexicon/lexicon.cfm?Strongs=G1705&t=KJV.

24. Blue Letter Bible, s.v. *"diathēkē,"* consultado el 27 de noviembre, 2017, https://www.blueletterbible.org/lang/lexicon/lexicon.cfm?Strongs=G1242&t=KJV.

25. Blue Letter Bible, s.v. *"plēthynō,"* consultado el 27 de noviembre, 2017, https://www.blueletterbible.org/lang/lexicon/lexicon.cfm?Strongs=G4129&t=KJV.

26. Blue Letter Bible, s.v. *"perisseuma,"* consultado el 27 de noviembre, 2017, https://www.blueletterbible.org/lang/lexicon/lexicon.cfm?Strongs=G4051&t=KJV.

27. Blue Letter Bible, s.v. *"autarkeia,"* consultado el 27 de noviembre, 2017, https://www.blueletterbible.org/lang/lexicon/lexicon.cfm?Strongs=G841&t=KJV.

28. Blue Letter Bible, s.v. *"dynamis,"* consultado el 27 de noviembre, 2017, https://www.blueletterbible.org/lang/lexicon/lexicon.cfm?Strongs=G1411&t=KJV.

CAPÍTULO 3
BENDICIÓN Y CRECIMIENTO GENERACIONAL

1. Blue Letter Bible, s.v. *"gibbowr"*, consultado el 15 de noviembre, 2017, https://www.blueletterbible.org/lang/lexicon/lexicon.cfm?Strongs=H1368&t=KJV.

CAPÍTULO 4
ABUNDANCIA

1. Blue Letter Bible, s.v. *"hown"*, consultado el 16 de noviembre, 2017, https://www.blueletterbible.org/lang/lexicon/lexicon.cfm?Strongs=H1952&t=KJV.
2. William Evans, s.v. "wealth, wealthy", *International Standard Bible Encyclopedia*, consultado el 16 de noviembre, 2017, https://www.blueletterbible.org/search/Dictionary/viewTopic.cfm?topic=IT0009156.
3. Blue Letter Bible, s.v. *"ashar"*, consultado el 16 de noviembre, 2017, https://www.blueletterbible.org/lang/lexicon/lexicon.cfm?Strongs=H6238.
4. Evans, s.v. "wealth, wealthy".
5. Evans, s.v. "wealth, wealthy".

CAPÍTULO 5
MISERICORDIOSO Y CLEMENTE

1. *Merriam-Webster's Dictionary*, s.v. "grace", consultado el 19 de noviembre, 2017, https://www.merriam-webster.com/dictionary/grace.
2. Blue Letter Bible, s.v. *"rachuwm"*, consultado el 19 de noviembre, 2017, https://www.blueletterbible.org/lang/lexicon/lexicon.cfm?Strongs=H7349&t=KJV.

3. *Merriam-Webster's Dictionary*, s.v. "compassion", consultado el 19 de noviembre, 2017, https://www.merriam-webster.com/dictionary/compassion.

4. *Merriam-Webster's Thesaurus*, s.v. "compassion", consultado el 19 de noviembre, 2017, https://www.merriam-webster.com/thesaurus/compassion.

5. Blue Letter Bible, s.v. *"rachuwn"*.

6. Blue Letter Bible, s.v. *"tsaddiyq"*, consultado el 19 de noviembre, 2017, https://www.blueletterbible.org/lang/lexicon/lexicon.cfm?Strongs=H6662&t=KJV.

7. *Merriam-Webster's Thesaurus*, s.v. "righteousness", consultado el 19 de noviembre, 2017, https://www.merriam-webster.com/thesaurus/righteousness.

CAPÍTULO 6
SABIO Y JUSTO

1. Blue Letter Bible, s.v. *"mishpat"*, consultado el 20 de noviembre, 2017, https://www.blueletterbible.org/lang/lexicon/lexicon.cfm?Strongs=H4941&t=KJV.

2. *Merriam-Webster's Dictionary*, s.v. "discretion," consultado el 20 de noviembre, 2017, https://www.merriam-webster.com/dictionary/discretion.

3. Blue Letter Bible, s.v. *"koach"*.

4. Blue Letter Bible, s.v. *"malak"*, consultado el 25 de noviembre, 2017, https://www.blueletterbible.org/lang/lexicon/lexicon.cfm?Strongs=H4427&t=KJV.

5. Blue Letter Bible, s.v. *"sarar"*, consultado el 25 de noviembre, 2017, https://www.blueletterbible.org/lang/lexicon/lexicon.cfm?Strongs=H8323&t=KJV.

6. Blue Letter Bible, s.v. *"shachar"*, consultado el 25 de noviembre, 2017, https://www.blueletterbible.org/lang/lexicon/lexicon.cfm?Strongs=H7836&t=KJV.

CAPÍTULO 7
JUSTO PARA SIEMPRE

1. Blue Letter Bible, s.v. *"tsaddiyq"*, consultado el 26 de noviembre, 2017, https://www.blueletterbible.org/lang/lexicon/lexicon.cfm?Strongs=H6662&t=KJV.

2. Blue Letter Bible, s.v. *"tsaddiyq"*.

3. Blue Letter Bible, s.v. *"tsaddiyq"*.

4. Blue Letter Bible, s.v. *"tsaddiyq"*.

5. Blue Letter Bible, s.v. *"tsaddiyq"*.

6. Blue Letter Bible, s.v. *"owlam"*, consultado el 25 de noviembre, 2017, https://www.blueletterbible.org/lang/lexicon/lexicon.cfm?Strongs=H5769&t=KJV.

CAPÍTULO 8
FIRME Y ASENTADO

1. Strong's Concordance, s.v. *"meshubah"*, consultado el 1 de diciembre, 2017, http://biblehub.com/hebrew/4878.htm.

2. Strong's Concordance, s.v. *"sarar"*, consultado el 1 de diciembre, 2017, http://biblehub.com/hebrew/5637.htm.

3. Strong's Concordance, s.v. *"shobab"*, consultado el 1 de diciembre, 2017, http://biblehub.com/hebrew/7726.htm; s.v. *"shobeb"*, consultado el 1 de diciembre 1, 2017, http://biblehub.com/hebrew/7728.htm.

4. Strong's Concordance, s.v. *"maad"*, consultado el 1 de diciembre, 2017, http://biblehub.com/hebrew/4571.htm.

5.   Strong's Concordance, s.v. *"stereóma"*, consultado el 1 de diciembre, 2017, http://biblehub.com/greek/4733.htm.; s.v. *"stereoó,"* accessed December 1, 2017, http://biblehub.com//greek/4732.htm; s.v. *"stérigmos,"* accessed December 1, 2017, http://biblehub.com/greek/4740.htm; s.v. *"stérizó,"* accessed December 1, 2017, http://biblehub.com/greek/4741.htm.

6.   Blue Letter Bible, s.v. *"pistis"*, consultado el 1 de diciembre, 2017, https://www.blueletterbible.org/lang/lexicon/lexicon.cfm?Strongs=G4102&t=KJV.

7.   Gene Cunningham, "Hebrew Words for Faith", Basic Training Bible Ministries, consultado el 1 de diciembre, 2017, http://www.basictraining.org/print.php?nid=205.

8.   Cunningham, "Hebrew Words for Faith".

9.   Cunningham, "Hebrew Words for Faith".

CAPÍTULO 9
GENEROSO

1.   *Merriam-Webster's Dictionary*, s.v. "lend", consultado el 30 de noviembre, 2017, https://www.merriam-webster.com/dictionary/lend.

CONCLUSIÓN
COMPROMÉTASE A LLEVAR UNA VIDA AL ESTILO DEL SALMO 112

1.   Freedictionary.com, s.v. "single-minded", consultado el 30 de noviembre, 2017, http://www.thefreedictionary.com/single-minded.

2.   Blue Letter Bible, s.v. *"haplous"*, consultado el 20 de noviembre, 2017, https://www.blueletterbible.org/lang/lexicon/lexicon.cfm?Strongs=G573&t=KJV.